A CONSTRUÇÃO DOS PROCESSOS DE LEITURA, ESCRITA E DO RACIOCÍNIO LÓGICO

Dados Internacionais de Catalogação na Publicação (CIP)

J56c Jerônimo Sobrinho, Patrícia.

A construção dos processos de leitura, escrita e do raciocínio lógico / Patrícia Jerônimo Sobrinho. – São Paulo, SP : Cengage, 2016.

Inclui bibliografia.
ISBN 13 978-85-221-2907-2

1. Psicologia educacional. 2. Linguagem.
3. Psicolinguística. 4. Letramento. 5. Alfabetização.
6. Aprendizagem. 7. Raciocínio lógico. 8. Inteligência.
I. Título.

CDU 37.015.3
CDD 370.15

Índice para catálogo sistemático:

1. Psicologia educacional 37.015.3

(Bibliotecária responsável: Sabrina Leal Araujo – CRB 10/1507)

A CONSTRUÇÃO DOS PROCESSOS DE LEITURA, ESCRITA E DO RACIOCÍNIO LÓGICO

CENGAGE

Austrália • Brasil • México • Cingapura • Reino Unido • Estados Unidos

CENGAGE

A construção dos processos de leitura, escrita e do raciocínio lógico

Conteudista: Patrícia Jerônimo Sobrinho

Gerente editorial: Noelma Brocanelli

Editoras de desenvolvimento: Gisela Carnicelli, Regina Plascak e Salete Guerra

Editora de aquisições: Guacira Simonelli

Coordenadora de conteudistas: Luciana Gomide Mariano Carmo

Produção editorial: Fernanda Troeira Zuchini

Copidesque: Sirlene M. Sales

Revisão: Rosângela Gandini e Renata Eanes Hägele

Diagramação: Alfredo Carracedo Castillo

Capa: Estúdio Aventura

Imagens usadas neste livro por ordem de páginas: Ilike/Shutterstock; igor kisselev/Shutterstock; VLADGRIN/Shutterstock; Bimbim/Shutterstock; Poznyakov/Shutterstock; Guru 3D/Shutterstock; Aysezgicmeli/Shutterstock; Monkey Business Images/Shutterstock; Bimbim/Shutterstock; Image Point Fr/Shutterstock; Monkey Business Images/Shutterstock; Seamartini Graphics/Shutterstock; Nina Buday/Shutterstock; Sentavio/Shutterstock; Ollyy/Shutterstock; graja/Shutterstock; ESOlex/Shutterstock; wavebreakmedia/Shutterstock; Bildagentur Zoonar GmbH/Shutterstock; Dragon Images/Shutterstock; Sergey Nivens/Shutterstock; Andrey Burmakin/Shutterstock; Lyudmyla Kharlamova/Shutterstock; Lorelyn Medina/Shutterstock;

ISBN 13: 978-85-221-2907-2
ISBN 10: 85-221-2907-X

Cengage Learning Edições Ltda.
Condomínio E-Business Park
Rua Werner Siemens, 111 - Prédio 11
Torre A - Conjunto 12
Lapa de Baixo - CEP 05069-900 - São Paulo - SP
Tel.: (11) 3665-9900 Fax: 3665-9901
SAC: 0800 11 19 39

Para suas soluções de curso e aprendizado, visite **www.cengage.com.br**

Impresso no Brasil
Printed in Brazil

Apresentação

Com o objetivo de atender às expectativas dos estudantes e leitores que veem o estudo como fonte inesgotável de conhecimento, esta **Série Educação** traz um conteúdo didático eficaz e de qualidade, dentro de uma roupagem criativa e arrojada, direcionado aos anseios de quem busca informação e conhecimento com o dinamismo dos dias atuais.

Em cada título da série, é possível encontrar a abordagem de temas de forma abrangente, associada a uma leitura agradável e organizada, visando facilitar o aprendizado e a memorização de cada assunto. A linguagem dialógica aproxima o estudante dos temas explorados, promovendo a interação com os assuntos tratados.

As obras são estruturadas em quatro unidades, divididas em capítulos, e neles o leitor terá acesso a recursos de aprendizagem como os tópicos *Atenção*, que o alertará sobre a importância do assunto abordado, e o *Para saber mais*, com dicas interessantíssimas de leitura complementar e curiosidades incríveis, que aprofundarão os temas abordados, além de recursos ilustrativos, que permitirão a associação de cada ponto a ser estudado.

Esperamos que você encontre nesta série a materialização de um desejo: o alcance do conhecimento de maneira objetiva, agradável, didática e eficaz.

Boa leitura!

Prefácio

Talvez não tenhamos noção da complexidade que envolve o processo de desenvolvimento da linguagem, por tão natural que é ao ser humano.

Ao nascer, o indivíduo é criado no seio de determinado grupo e cultura. Ele vai assimilar o idioma nativo daquela comunidade, transmitir e absorver informações que serão essenciais para a sua evolução enquanto ser integrante de determinada sociedade.

Todo esse processo ocorre sem que possamos mensurar o seu enredamento. Quantas atividades mentais são necessárias para que o desenvolvimento da linguagem possa acontecer? Quais são as funções ativadas para que isso ocorra? Falar, ouvir, pensar são atos inatos de cada ser humano ou deve ser estimulado de alguma maneira? Qual é a influência de todo esse desenvolvimento na construção do processo de leitura?

As unidades de que tratam *A Construção de processo da leitura, escrita e do raciocínio lógico* procuram responder a essas e outras indagações com um conteúdo bem elaborado e didático.

Na Unidade 1, serão explorados os conceitos básicos de linguagem e cognição, interacionismo, sociofuncionalismo, inatismo e relativismo, além de tratar da importância da linguística e da psicopedagogia.

A Unidade 2 traz o estudo de temas relacionados diretamente à linguagem, como a Psicolinguística e a sua história, o letramento e alfabetização, os distúrbios da fala, como afasia de Broca, de Wernicke e Anômica.

Na Unidade 3 serão conhecidos os estilos de aprendizagem, o desenvolvimento do raciocínio lógico, os recursos utilizados para o desenvolvimento do raciocínio lógico, o material sensorial Montessori, entre outros assuntos.

Por fim, na Unidade 4, serão debatidos os conceitos de inteligência – inteligência linguística, inteligência interpessoal, inteligência intrapessoal, inteligência musical, espacial e naturalista, e as dificuldades no processo de aprendizagem.

De forma ampla, este material pretende oferecer o desmembramento das complexas atividades iniciadas em nosso cérebro e o seu reflexo no processo de construção da leitura.

Boa leitura!

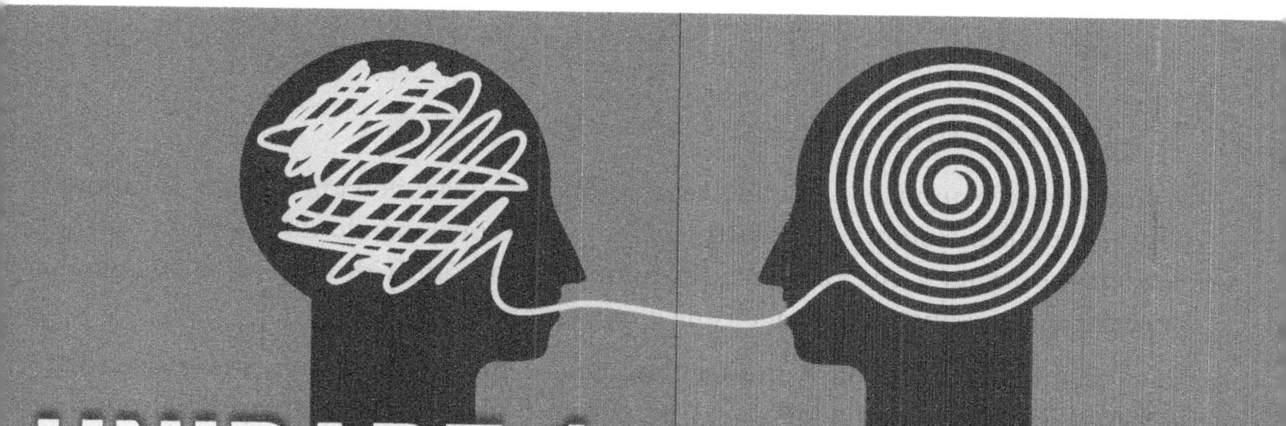

UNIDADE 1
LINGUAGEM E COGNIÇÃO, LINGUÍSTICA E PSICOPEDAGOGIA

1. Linguagem e cognição

A linguagem é uma capacidade extremamente desenvolvida no ser humano. Trata-se de um sistema de comunicação mais especializado do que o de outras espécies animais e que pertence tanto ao domínio individual quanto ao social, permitindo-nos abstrair, conceituar e nos comunicar.

Essa faculdade humana é muito complexa e nela atuam diversas atividades mentais. Primeiramente, devemos reconhecer as palavras dentro de uma cadeia sonora, depois, determinar o conceito de cada uma delas no contexto da sentença, identificando o nível de significado ou significados da oração. Por fim, devemos formular uma resposta.

O homem usa a linguagem para numerosos propósitos: para satisfazer demandas e necessidades, controlar os outros, estabelecer contatos com as pessoas, expressar sentimentos, simular, criar, perguntar e escrever.

Além disso, a linguagem é a razão fundamental pela qual o homem desenvolve sua cultura. Ela não deve ser reconhecida apenas como um meio de comunicação entre os seres humanos. Afinal, a fala é a característica que diferencia o ser humano dos demais seres. Ela relaciona sistematicamente símbolos - sons, letras e signos- com o seu significado e estabelece regras para combinação e recombinação de sinais, com o intuito de oferecer vários tipos de informação.

Entendemos também a linguagem como a capacidade humana que concilia o pensamento e a cognição. Ou seja, a linguagem é o indicador mais tangível de nossa capacidade de pensar. Ela está envolvida em muitos processos psicológicos que o homem possui.

Enfim, a linguagem é a capacidade que os seres humanos têm de se relacionar e, portanto, transmitir informações através de signos linguísticos orais e escritos. Esses signos são diferentes para cada comunidade de falantes, dando origem a línguas distintas – conjuntos de símbolos utilizados por cada grupo de falantes para se comunicar.

O conceito de **cognição** faz referência à faculdade dos seres humanos de processar informações a partir da percepção. O conhecimento adquirido e as características específicas subjetivas permitem valorizar e considerar certos aspectos em detrimento de outros. O enfoque cognitivo destaca como os indivíduos representam o mundo onde vivem e como recebem a informação, atuando de acordo com ela. Considera-se que os sujeitos são elaboradores e processadores de informação.

ATENÇÃO! O termo cognição é frequentemente utilizado para significar o ato de conhecer, em suas ações de armazenar, recuperar, reconhecer, compreender, organizar e usar a informação recebida através dos sentidos. Ele pode ser definido cultural e socialmente.

A cognição se define como o conjunto dos processos mentais implicados no conhecimento. Ela tem como objeto de estudo os mecanismos básicos e profundos pelos quais se elabora o conhecimento, desde a percepção, memória e aprendizagem até a formação de conceitos e pensamento lógico.

Os processos cognitivos podem ser naturais ou artificiais, conscientes ou inconscientes, o que explica o porquê se tem abordado seus estudos sob diferentes perspectivas, em ciências diversificadas, incluindo a neurologia, a psicologia, a psicopedagogia, a filosofia e as ciências da informação, bem como a inteligência artificial e a gestão do conhecimento.

Esses processos intelectuais estão intimamente relacionados com conceitos abstratos, tais como: percepção, pensamento, inteligência, aprendizagem e muitos outros que descrevem numerosas capacidades dos seres humanos – ainda que essas características também compartilhem algumas entidades não biológicas, segundo propõe a inteligência artificial.

Nas primeiras etapas do desenvolvimento do conceito de cognição, acreditava-se que esta era uma característica somente humana. Com o desenvolvimento da **etiologia** e da inteligência artificial, se discute a validade de tal argumento. Na psicologia e na inteligência artificial, a cognição se refere às funções, processos e estados mentais de agentes inteligentes, com um enfoque particular em processos, tais como: compreensão, inferência, tomada de decisões, planejamento e aprendizagem.

2. A linguagem é inata ou adquirida?

Na linguística, como em outras ciências do conhecimento, há uma disputa entre o **empirismo** e o **inatismo**.

O inatismo argumenta que a capacidade de ver, ouvir, pensar e falar são inatas ou genéticas. Por sua vez, os empiristas estão convencidos de que a criança aprende a falar porque imita os adultos, especialmente a mãe, e porque ela precisa expressar suas necessidades e desejos. De acordo com os empiristas, a criança aprende a linguagem da mesma forma que outras habilidades físicas e mentais. Eles estão convencidos de que a criança aprende a articular e a combinar sons. Os inatistas e psicólogos da Gestalt – que rejeitam categoricamente a teoria de que o ambiente social seja o único fator determinante no desenvolvimento da linguagem – defendem que a fala é um dom biológico com o qual os seres humanos nascem e que a experiência cognitiva é apenas um estímulo para o desenvolvimento. Por isso, o psicólogo Gesell sustenta a concepção de que grande parte do desenvolvimento linguístico do indivíduo é determinado por fatores de maturação interna e não por simples influência do ambiente social.

O desenvolvimento da linguagem, portanto, não pode ser explicado a partir da "psicologia da aprendizagem" ou do behaviorismo (estudo do comportamento), mas a partir da perspectiva biológica. Ainda assim, o processo linguístico gerado pelo cérebro humano é considerado complicado. Para uma pessoa pronunciar uma palavra, por exemplo, não é suficiente que ela ative o grupo de células do córtex dos hemisférios do cérebro "responsáveis" por isso. Na criação de um vocábulo participam, de acordo com sua natureza, a estrutura profunda do campo, que são os vários mecanismos cerebrais.

Para o pensador e linguista Chomsky (1971), pai americano da gramática gerativa, a linguagem é uma espécie de "computador", que funciona automaticamente com processos de associação, antes do pensar. O autor levanta a teoria de que a criança tem uma programação genética para aprender sua língua materna. As regras e a construção sintática da frase já estão programadas geneticamente no cérebro. Tudo o que precisamos é aprender a adaptar esses mecanismos gramaticais ao léxico ou à sintaxe da língua materna que é, basicamente, uma variante da gramática, comum a todas as línguas. Porém, isso não significa que exista – ou tenha existido – uma "língua materna universal", da qual derivam todas as línguas conhecidas hoje.

Chomsky (1971) critica o behaviorismo, que contempla o comportamento linguístico como um conjunto de estímulos e respostas (ER). Tal concepção considera a criança como uma "tábula rasa", isto é, ela não traz nada consigo. Tudo o que a criança aprende é adquirido na interação com o meio. Este proporciona os estímulos linguísticos e a criança fornece as respostas: a compreensão e a produção linguística.

O conceito de que a linguagem é algo adquirido com o ambiente social contrasta com a teoria defendida pelos inatistas, segundo a qual a linguagem é um produto interno da mente/cérebro do falante, independentemente das experiências e dos conhecimentos adquiridos pelo ambiente social.

Tanto as teorias chomskianas quanto as inatistas têm sido motivo de controvérsias, especialmente quando empiristas e behavioristas – que não aceitam a existência de uma gramática programada no cérebro humano – assinalam que as diferenças gramaticais existentes entre os idiomas são evidências de que a linguagem é um fenômeno adquirido através do processo de aprendizagem. Chomsky (1971), por outro lado, responde que essas diferenças ocorrem apenas na estrutura superficial da língua, mas não na estrutura profunda. Isto é, na estrutura superficial se destacam as diferenças gramaticais entre as distintas línguas; na estrutura profunda, existe uma gramática válida para todas as línguas, pois cada indivíduo, ao nascer, possui uma "gramática universal" que, com o tempo e graças a um contexto social concreto, torna-se uma gramática particular.

Além das duas teorias mencionadas, devemos adicionar o conceito "**inter-relacionista**", que considera que a linguagem é produto de ambos os fatores: inatos e adquiridos, já que a linguagem depende de impulsos internos e externos, que são determinados de antemão, o que pressupõe a preexistência de sentimentos e pensamentos. Para falar, além de um conteúdo psíquico mínimo, é necessário estímulo externo, o impulso de se expressar e de participar com os demais sujeitos presentes na sociedade.

Por isso, o estudo do desenvolvimento linguístico do indivíduo é tratado não só pela psicolinguística, mas também pela sociolinguística, que estuda como a língua influencia e é influenciada pela interação entre o indivíduo e o contexto social, uma vez que a linguagem, além de ser um código de signos linguísticos, é também o ato de expressar ideias e sentimentos através de palavras. Mais ainda, é a primeira herança familiar que o recém-nascido recebe e que o acompanha no decorrer de toda a sua vida, herança essa que, às vezes, é o único bem transmitido por seus descendentes.

Ao longo dos tempos, essas duas correntes filosóficas que se contradizem, a inatista - assegurando que a linguagem é um dom biológico com o qual os seres humanos nascem – e a behaviorista – que argumenta que o ambiente social é um fator determinante no desenvolvimento linguístico – contribuíram para o surgimento das principais teorias de aquisição da linguagem. Tais teorias não são necessariamente antagônicas, mas, em algum momento do desenvolvimento humano, interagem e se complementam.

3. Cognição, pensamento e linguagem

Cognitivismo

Piaget foi o pioneiro dos estudos sobre o desenvolvimento intelectual infantil. Entre as diferentes escolas que compõem a **psicologia evolutiva** está o construtivismo, que se situa dentro da abordagem cognitivista e dos modelos organicistas. Estes modelos sugerem que o desenvolvimento psicológico e, para Piaget, os desenvolvimentos intelectual, cognitivo e epistêmico operavam essencialmente os processos internos. Ao contrário dos modelos behavioristas, Piaget (1999) considerava que os processos externos tinham um papel secundário no desenvolvimento. Diferentemente dos inatistas, ele afirmava que os processos

internos não eram suficientes para que o desenvolvimento ocorresse. De fato, propunha que, para que o desenvolvimento intelectual acontecesse, o sujeito precisava interagir com os objetos em seu ambiente.

Piaget salientava igualmente que o desenvolvimento cognitivo é uma cadeia ininterrupta de ações, também de caráter íntimo, e que o pensamento lógico é um instrumento essencial de adaptação psíquica ao mundo exterior. Ele assegurava que o desenvolvimento não ocorria de maneira aleatória, pessoal e desordenada. Ou seja, de acordo com o seu entendimento, existia certa "necessidade de evolução", que fazia com que o desenvolvimento acontecesse em todas as pessoas, passando por certos estágios que eram considerados universais na nossa espécie.

Segundo Piaget, esse processo ocorria por meio de uma cadeia evolutiva que desembocava em uma meta específica, que consistia em alcançar o desenvolvimento das operações formais. Nesta fase, o sujeito teria desenvolvido a capacidade de pensar abstratamente, de forma descentralizada.

Piaget sugeria a existência de um substrato biológico que permitia o desenvolvimento das estruturas de inteligência e que essa evolução, por sua vez, influenciava a aprendizagem. Salvo nos períodos sensório-motor e pré-operatório, nos quais a inteligência é egocêntrica e/ou do tipo irreversível e focada, ele considerava haver uma lógica nas etapas de desenvolvimento. No entanto, o autor destacava que a capacidade de pensar logicamente não era congênita ou pré-formada na "psique" humana. A criança a constrói agindo em seu ambiente, e esse desenvolvimento é progressivo e ininterrupto. A aquisição de alicerces primários é essencial para se alcançar estruturas intelectuais mais elaboradas.

Durante suas investigações, Piaget encontrou quatro estágios de desenvolvimento da criança: sensório-motor, pré-operatório, operatório-concreto e operatório-formal:

a) **Sensório-motor (de 0 a 2 anos)**: fase na qual a criança possui uma percepção global e indiferenciada, sendo incapaz de separar o seu próprio corpo dos demais objetos à sua volta. A criança cria concepções ligadas a itens, visto que ainda não possui representações mentais desses objetos. Então, ela necessita deles para construir noções. Quando algum estímulo atinge seus sentidos, ela reage com uma resposta, uma ação.

b) **Pré-operatório (de 2 a 7 anos)**: período marcado pelo aparecimento da fala. Graças à linguagem (cópia internalizada dos esquemas sensoriais--motores), a criança consegue evocar pessoas e objetos sem que eles estejam presentes. Essa interiorização dos esquemas consiste na representação das ações. De início (no primeiro estágio), os instrumentos que a criança dispõe para conhecer o mundo são as ações, caracterizando uma inteligência prática, que vai sendo substituída pela inteligência representativa que ocorre através da imitação, do jogo simbólico, da imagem mental, do desenho e da linguagem.

c) **Operatório-concreto (de 7 a 11 anos)**: etapa na qual a criança pensa antes de agir, começando a desenvolver o processo de reflexão. Adquire as noções de conservação, número, substância, peso, volume, tempo, velocidade e espaço.

d) **Operatório-formal (12 anos em diante)**: fase em que o pré-adolescente não se limita mais à representação imediata, nem somente às relações previamente existentes, mas é capaz de deduzir, fazer proposições, discutir, enfim, de pensar em todas as relações possíveis logicamente, buscando soluções a partir de hipóteses e não apenas pela observação da realidade.

Os cognitivistas propõem que existe uma relação unidirecional da cognição não linguística com a aquisição linguística – essencialmente a partir da estrutura semântica, e que o desenvolvimento da inteligência do estágio sensório-motor antecede, apoia e dá forma ao desenvolvimento das línguas. De acordo com Piaget, antes do aparecimento dos primeiros elementos linguísticos, a criança constrói representações metafóricas e relações representacionais de tempo, causalidade e espaço, com base na análise de permanência do objeto, da imitação e do jogo simbólico, que são os precursores da fala.

O autor considerava que o falar é condicionado pelo desenvolvimento da inteligência, ou seja, que necessitamos desta para estabelecermos a comunicação. Pensamento e linguagem se desenvolvem separadamente, já que o desenvolvimento da inteligência começa desde o nascimento, antes que a criança fale. Esta aprende a se comunicar à medida que seu desenvolvimento cognitivo atinge o nível específico desejado. Para Piaget, é o pensamento que possibilita a comunicação. Isso significa que o ser humano, ao nascer, não tem uma língua, mas ele vai adquirindo-a gradativamente, como parte de seu desenvolvimento mental.

Interacionismo

Diferentemente da proposta organicista de Piaget, que destacou a "universalidade da cognição" e a pequena influência do contexto sobre as mudanças qualitativas da mente, Vygotsky (1993) propôs uma teoria contextual do desenvolvimento cognitivo. Nesta, os contextos sociais, culturais e linguísticos são considerados cruciais. Além disso, a educação e a ajuda de um adulto, ou de um aluno com mais conhecimentos, é importante, visto que estes são promotores do desenvolvimento intelectual das crianças.

Vygotsky argumentava que para desenvolver sua estrutura cognitiva, ou para passar de um pensamento primário e/ou natural para um pensamento constituído por **funções psíquicas superiores**, o sujeito necessitava interagir com o meio. Desde sua mais tenra infância, a criança internaliza gradualmente a cultura, apropria-a, transforma-a e domina seus instrumentos, graças ao seu ambiente social e à interação com adultos.

Durante essa relação, os mais velhos oferecem a ela novos temas, desafios e problemas a resolver. Na vida cotidiana, tais pessoas são geralmente os pais e parentes; na escola, os professores. Com esta "invasão" de novos temas no mundo infantil, os adultos abrem uma zona que a criança deverá atravessar para que cresça intelectualmente. A este novo espaço cognitivo Vygotsky (1993) chama de **Zona de Desenvolvimento Proximal (ZDP)**.

ATENÇÃO! ZDP é a distância entre o nível real de desenvolvimento, determinado pela capacidade de resolver independentemente um problema, e o nível de desenvolvimento potencial, determinado através de resolução de um problema sob orientação de um adulto ou a colaboração de outro parceiro mais capacitado.

Posteriormente, a criança internaliza o conhecimento que pertencia à ZDP e, por sua vez, este se torna um saber real. Assim, levando em consideração a visão de Vygotsky (1993), a aprendizagem, ou a educação, abre o caminho para o desenvolvimento cognitivo e da inteligência e, em seguida, o desenvolvimento intelectual da criança vai do exterior – o ambiente social e educativo – ao interior, ou seja, sua estrutura psicológica.

Para alcançar o desenvolvimento, a ZDP não deve estar muito longe do nível intelectual real da criança. Em outras palavras, se os temas propostos pelos adultos não levam em conta o que a criança já sabe e é capaz, esta não conseguirá relacionar seus conhecimentos com os novos tópicos apresentados. Esta lacuna impedirá, então, que se recorra à ZDP.

Vygotsky destacava que a ZDP funcionava em espiral, ou seja, o conhecimento cotidiano e concreto da criança é ampliado graças à abertura da ZDP, em cada nova etapa, através do recurso de retomar o domínio prévio. Assim, o adulto – geralmente o professor – convida as crianças a segui-lo para passar lentamente do pensamento concreto-cotidiano ao pensamento abstrato-científico.

O autor afirma que a linguagem precede o pensamento e influencia a natureza deste: os níveis de funcionamento intelectual dependem de uma linguagem mais abstrata. Para ele, pensamento e linguagem estão totalmente ligados e não é correto tomá-los como elementos separados. Embora tenham raízes diferentes, em um determinado momento do desenvolvimento infantil, eles vão se entrecruzar para dar origem a uma nova forma de comportamento: o pensamento verbal e a linguagem racional.

Segundo Vygotsky, o pensamento verbal não é inato, mas é determinado por um processo histórico-cultural e tem propriedades específicas e leis que, por sua vez, podem ser encontradas tanto nas formas naturais do pensamento quanto nas palavras. O autor salientava a importância da linguagem no desenvolvimento cognitivo infantil, sendo uma fonte constituinte do seu comportamento social e da sua consciência. Considerava que, em uma primeira etapa, para confirmar suas hipóteses e obter apoio e ajuda, a criança utilizava este sistema simbólico como uma função comunicativa ou interpsicológica – dela para com as pessoas – e, posteriormente, como uma função reflexiva, pessoal e intrapsicológica, ou seja, da criança para consigo mesma.

Na segunda etapa, a criança usa a linguagem para planejar suas ações e acompanhar seus reflexos e decisões. Graças a esta comunicação egocêntrica e interna, a criança experimenta e age em seu ambiente. Com base nos dois tipos de linguagem (interpsicológica e intrapsicológica), ela amplia sua estrutura intelectual.

Sociofuncionalismo

Bruner (1984) retomou a ideia da ZDP de Vygotsky e analisou mais de perto em que consiste a ajuda fornecida pelo adulto à criança. Bruner estudou especificamente a interação mãe-filho e observou que, durante a interação com a criança, o adulto reduzia a complexidade daquilo que a criança fazia para completar a tarefa. Essa ideia consiste em aceitar apenas o que a criança é capaz de fazer, transferindo para o adulto a parte mais difícil da ação. Para ele, é necessário, em primeiro lugar, ritualizar ou dar forma a algumas das sub-rotinas e complementar aquilo que a criança ainda não consegue realizar sozinha.

Tanto para o desenvolvimento da linguagem como para a manipulação dos objetos, as ações entre mãe e filho estão perfeitamente sintonizadas. A mãe dificulta a tarefa ou, introduz uma ZDP, quando considera que a criança está pronta para uma nova progressão de seu desenvolvimento cognitivo. Esta manobra sincronizada e sutil é constituída pelos seguintes passos:

1. **dar exemplos** – A mãe reproduz na frente da criança um exemplo acabado de uma tarefa a ser resolvida. Diante de seu filho, a mãe executa a função lentamente, ressaltando cada uma das ações que compõem o todo;
2. **dar pistas** – a mãe incentiva a criança para que esta faça uso, no momento adequado, da sub-rotina que lhe permitirá chegar ao resultado desejado;
3. **proporcionar apoio** – para ressaltar a concentração do filho e promover seu sucesso final, a mãe reduz ao essencial os atos que levam à execução de determinada tarefa. Por outro lado, o auxílio consiste em ritualizar e repetir toda a ação;
4. **subir o degrau** – a mãe desafia e faz com que a criança suba o nível de suas metas, oferecendo novos desafios que vão além do que é adquirido e aumentando seu nível de desenvolvimento;

5. **dar instruções** – Segundo Bruner, no contato mãe-filho, as instruções de interação vêm por último, quando a criança já desenvolveu novas habilidades ou conhecimentos adquiridos, o que ele achava surpreendente. (Bruner, 1984)

Bruner considerava que em suas ações a criança mostra sua intencionalidade. Ela tem o propósito de descobrir, confirmar hipóteses, aprender e desenvolver habilidades cognitivas, e os atos da mãe levam em consideração esse objetivo.

Ele concordava com Vygotsky, no sentido de que a educação – escolar, social ou familiar – abria o caminho para o desenvolvimento cognitivo da criança. Segundo o autor, para seu desenvolvimento cognitivo, a criança dispõe de três sistemas de representação: inativa, fornecida por uma determinada ação habitual; icônica, através de uma imagem; e simbólica, utilizando um esquema abstrato, que pode ser a linguagem ou qualquer outro sistema representativo estruturado.

Quando a informação construída se contradiz em pelo menos dois dos três sistemas de representação, surge um conflito que precisa ser resolvido. Sua solução, então, permite a construção da aprendizagem e uma ampliação do desenvolvimento intelectual.

De acordo com Bruner, a linguagem tem três características que promovem o desenvolvimento do pensamento e da consciência: ela permite relações dêiticas, ou seja, nas quais podem ser empregados signos linguísticos que permitem localizar o fato no tempo e espaço; relações intralinguísticas, nas quais os signos se modificam de acordo com a realidade em que se está inserido, e, finalmente, o uso metapragmático, isto é, quando a linguagem torna-se o objeto do discurso. Este sistema linguístico plurifuncional é um instrumento necessário para o desenvolvimento do pensamento da criança e para sua atuação no seu ambiente intelectual e social.

O autor destaca que tanto a cognição quanto os contextos são cruciais para o desenvolvimento da linguagem. Para ele, crianças aprendem a se comunicar no contexto da solução de problemas, enfatizando, assim, mais o aspecto discursivo do desenvolvimento da linguagem do que sua natureza estrutural ou gramatical.

Inatismo

O inatismo surge a partir das propostas levantadas por Chomsky nos anos de 1950. Os inatistas se concentram em estudar o estado inicial do desenvolvimento linguístico; sua unidade de análise é a disposição sintática. Para eles, todas as línguas provêm de um mesmo programa biológico e de estrutura cerebral – uma gramática universal – que é transmitida geneticamente.

Na teoria do inatismo linguístico, a criança seria biologicamente programada com habilidades especiais que lhe permitiriam saber que tipos de generalizações linguísticas procurar e o que ignorar, ao buscar regularidades na língua.

Chomsky (1971), partidário desta teoria, seguiu defendendo a ideia de que a aquisição linguística era essencialmente inata, determinada geneticamente e sustentada por uma gramática universal, e que só alguns componentes dela eram adquiridos graças ao ambiente. Para ele, a linguagem humana tinha um potencial criativo e inovador, permitindo expressar novos pensamentos e entender expressões desconhecidas com base em um sistema linguístico estabelecido, com componentes finitos. Se o uso normal da linguagem é criativo e inovador, ela, como consequência, rejeitava toda tentativa de reduzir a aquisição linguística à imitação ou à obtenção de padrões, mesmo porque o número de padrões subjacentes ao uso normal da língua é imenso.

Chomsky (1971) considerava que certos princípios abstratos e universais eram a base das faculdades mentais humanas, e os processos linguísticos podiam ajudar a entender os processos intelectuais. Para os inatistas, a estrutura inata própria da espécie humana que sustenta a aquisição da linguagem – e/ou a gramática universal – é independente da inteligência. É por isso que, apesar de apresentar diferentes níveis de inteligência, os falantes de uma mesma língua desenvolvem gramáticas semelhantes. Há de ressaltar, portanto, que Chomsky acreditava que a linguagem era uma ferramenta para o pensamento.

Em relação ao desenvolvimento cognitivo, Chomsky (1971) diferiu da proposta de progressão intelectual em diferentes estágios, elaborada por Piaget e acreditava que o desenvolvimento intelectual consistia em uma progressão lenta, à qual se ajustavam técnicas para a solução de problemas.

Para Chomsky (1971), a criança deveria ter um método para determinar qual era a gramática adequada, tomando como base os dados linguísticos aos quais era exposta. Desse modo, como pré-condições para a aquisição linguística, a criança deveria possuir uma teoria da linguagem que especifica a forma da gramática de um idioma possível - qualquer que seja este – e uma estratégia que lhe permita selecionar vocábulos e uni-los de forma adequada, que seja compatível com os dados linguísticos aos que era apresentada.

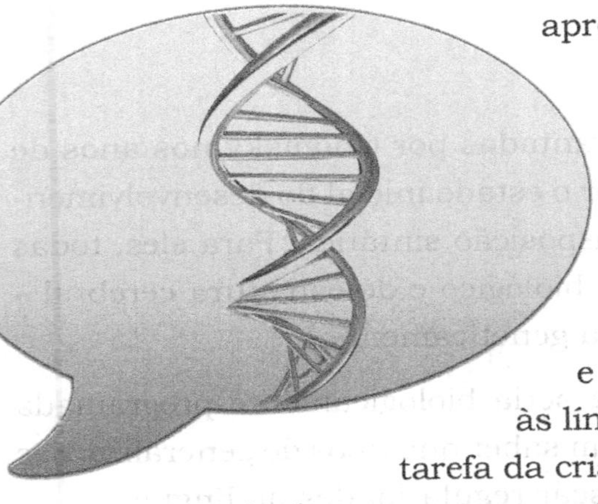

Lógico que isso não é o mesmo que dizer que a criança já nasça sabendo qual a forma específica da língua que virá a adquirir, mas sim, equivale a dizer que ela aborda os dados aos quais é exposta: sabendo distinguir dados linguísticos dos não linguísticos; e sabendo (ou supondo) que dados referentes às línguas naturais são de certo tipo específico. A tarefa da criança seria, então, determinar que língua em particular, com sua gramática própria, deverá aprender.

Relativismo

O **relativismo** afirma que a singularidade linguística de determinado idioma define a percepção, o modo de pensar, de construir cultura e de compreender o mundo por parte dos falantes dessa língua. Em outras palavras, no relativismo, cada cultura organiza seu universo em função de suas categorias linguísticas, e na medida em que essas organizações ou categorias linguísticas diferirem, as concepções de mundo que articulam o conjunto da cultura também se diferenciarão.

Para entender completamente a cultura, então, temos que falar a língua que a organiza, isto é, temos de ser praticamente um nativo, literalmente um membro dessa cultura. Um antropólogo, por exemplo, munido de categorias analíticas elaboradas pela tradição acadêmica do ocidente, não poderia descrever uma cultura de maneira correta, tão pouco explicá-la.

A ideia do relativismo surgiu no século XVIII, na Alemanha, permanecendo em vigor no século XIX e se espalhando pelos Estados Unidos a partir dos aportes teóricos de Franz Boas e Edward Sapir e, posteriormente, por Benjamin Lee Whorf.

Segundo Boas (1964), a linguagem – mais especificamente, a estrutura lexical (vocabular) – refletia o pensamento e as classificações conceituais e culturais da experiência. A estrutura particular de cada língua mostra que essa classificação conceitual é diferente, dependendo do idioma que se fala. Para o autor, a linguagem também poderia moldar levemente o pensamento e, posteriormente,

os costumes, a personalidade e o desenvolvimento cultural de uma comunidade. Ele afirmou que as atividades mentais das pessoas poderiam ser, em parte, determinadas pela linguagem.

O antropólogo e linguista Sapir e seu aluno Whorf, que se dedicaram ao estudo das diferenças entre as diversas línguas, constataram que as distinções conceituais que são codificadas nos idiomas não são universais. Para eles, existia certa relação entre as categorias gramaticais da linguagem que uma pessoa fala e a forma com que esse indivíduo entende e conceitua o mundo. Whorf (1971) ilustrou suas afirmações tomando exemplos de vários idiomas, especialmente a língua ameríndia, que conta com uma só palavra para descrever tudo aquilo que voa, exceto os pássaros, desde insetos a aviões; ou a língua falada pelos esquimós, que tem uma grande variedade de palavras para descrever diferentes tipos de neve.

Para Whorf (1971), cada língua classificava a realidade de maneira diferente e essa classificação determina a percepção e a cultura. O autor também acreditava que os vários elementos linguísticos eram manipulados e aplicados a diferentes unidades com graus variados de cosnciência e de acordo com cada idioma. Tal manipulação consciente-inconsciente e/ou automática influencia a construção do pensamento e da cultura de cada indivíduo e comunidade.

Sapir e Whorf formularam diversas hipóteses que, em suas versões mais fortes (determinismo linguístico), estabelecem que a linguagem determina o pensamento. Ou seja, as categorias semânticas disponíveis em nossa linguagem estabelecem e impõem uma forma particular de pensamento e percepção do mundo. Eles propõem que existe uma interdependência desses dois domínios, que permite o desenvolvimento de ambos.

De acordo com Sapir e Whorf, percebemos a realidade e a organizamos em conceitos e significados segundo um acordo implícito em nosso idioma. A língua, de acordo com essa premissa, canaliza a experiência. Nosso pensamento está determinado por categorias que nos proporcionam o idioma que falamos e ele condiciona uma organização imaginária do real. Cada língua, segundo essa hipótese, introduz uma determinada visão intraduzível de mundo. Em suma, o idioma dá forma às ideias, programa e guia a atividade mental do indivíduo.

4. Linguística e psicopedagogia

Podemos já afirmar que há uma clara relação entre desenvolvimento linguístico e cognitivo do sujeito e a importância da base contextual – diálogo, conversação – para a interação linguística, de maneira que o sujeito possa construir a linguagem através dos diferentes usos. Isto nos leva à perceber que o desenvolvimento e a aprendizagem da linguagem dependem, também, da natureza e das oportunidades de interação do idioma.

A linguística tem superado o conceito da língua como um sistema estruturado (teoria gramatical), concebendo-a como uma visão mais dinâmica, não de um sistema fechado em que os significados referenciais não se movem. Naturalmente, o conhecimento e o uso da língua se realizam em contextos socioculturais, e o significado literal, que pode comunicar a linguagem, relaciona-se com os aspectos funcionais e sociais quem surgem na comunicação estabelecida.

Mas, como se aprende a linguagem? Nos últimos anos, vários estudos têm abordado esta questão, tanto para o seu próprio valor como para a luz que ela lança sobre outras áreas de aprendizagem. Tem havido inúmeras controvérsias sobre a forma precisa em que este processo se desenvolve. Podemos destacar quatro componentes que certamente formam parte do processo de aprendizagem da linguagem:

I) imitação: tem um grande papel na aprendizagem de uma língua. É claro que as crianças aprendem suas primeiras palavras, geralmente, ouvindo e imitando-as;

II) reforço: é um poderoso meio de aprendizagem. Se a palavra produz resultados favoráveis, ela é repetida. Mas este recurso não parece suficiente para explicar a aquisição da sintaxe;

III) estruturas linguísticas inatas: o linguista Chomsky (1959) pensava que todo ser humano nascia com as estruturas mentais para a aquisição da linguagem, o que permitia à criança processar seletivamente a informação linguística do ambiente e formular uma gramática gerativa com a qual produzia sua própria linguagem;

IV) desenvolvimento cognitivo: enfatiza a ligação entre a aprendizagem linguística e as noções e conceitos infantis de desenvolvimento. Isto quer dizer que as estruturas gramaticais básicas não estão presentes nas primeiras expressões verbais, mas se desenvolvem gradualmente. Assim, cada padrão particular não aparece antes de a criança adquirir o conceito sobre o qual se baseia, e ela é capaz de expressar apenas os fundamentos que domina.

Desde muito cedo, a criança e sua mãe começam a se comunicar. Além disso, a criança apresenta uma especial atenção à fala. Por exemplo, os recém-nascidos viram a cabeça em resposta às vozes que ouvem.

A primeira ferramenta de comunicação da criança é o choro, que produz uma ação paterna em relação ao contexto (necessidades do bebê). Em seis semanas, a criança começa a sorrir, estabelecendo novos laços de comunicação. Ao fim de 12 semanas, a criança sorri quando fala e produz sons, que são mantidos por 15 a 20 segundos e, em 20 semanas, não só emite sons de caráter vocal, mas estes são intercalados com consoantes.

Aos 6 meses, aparece um balbucio similar a emissões monossilábicas. As sílabas mais comuns se assemelham a Ma, Mu, Da, Di. Aos oito meses, as repetições se tornam mais frequentes; se distinguem estruturas de entonação nas emissões e estas podem indicar emoções. Aos 10 meses, as emissões se misturam com sons de jogos, e a criança faz imitações de sons.

Uma grande quantidade de observações do desenvolvimento primário da linguagem realizadas por psicólogos, psicolinguistas e psicopedagogos indica que mesmo crianças muito pequenas têm uma gramática elementar. As funções da linguagem, nesta fase, seriam, em primeiro lugar, de ordem pragmática (obtenção de objetos e serviços, controle do comportamento das pessoas) e expressiva (manifestações de prazer ou rejeição). Mais tarde, a linguagem terá uma função heurística (obtenção de informações sobre o ambiente) e imaginativa (criação de realidades próprias).

A criança fala suas primeiras palavras no final do primeiro ano. No início, ela se refere a objetos e pessoas, mas não demora a expressar os pedidos ou a descrever o ambiente. Estas primeiras palavras se caracterizam por usar um número limitado de elementos fonéticos e por se referir a categorias mais amplas aceitas pela linguagem adulta, tanto no que se refere a objetos quanto a ações.

Geralmente entre 18-20 meses, a criança começa a formar frases que consistem em duas palavras, podendo chegar a sete. As sentenças ouvidas pela criança, sendo imitadas, sofrem um processo de redução característica, formando o que alguns pesquisadores chamam de "fala telegráfica" (Brown, 1981 *apud* Kato, 2002). Existem, no entanto, enunciados expressos pela criança que só têm uma palavra e que são nomeados **holofrases** (Darley, 1990), o que se caracteriza, principalmente, pela retenção dos elementos com alta carga semântica (substantivos, verbos, adjetivos, etc.) e a omissão de elementos que cumprem uma função gramatical (inferencial, inflexões, verbos auxiliares, etc.). No aspecto formal, essas frases se caracterizam por manter a ordem original e, para certa etapa de desenvolvimento, uma longa constância, não se importando a criança com a extensão da frase modelo.

A escolha das palavras nesta fase se faz em razão da função referencial dos vocábulos continentes (substantivos, verbos e adjetivos, que fazem referência a objetos ou qualidades), da brevidade da palavra, pela impossibilidade de inferência do contexto da mesma e pela ênfase mais forte que é dada aos vocábulos semânticos dentro da oração (Brown, 1981 *apud* Kato, 2002).

Dos 2 aos 2 anos e meio, a criança possui um vocabulário que excede 50 palavras. Ela começa a usar as inflexões da linguagem, isto é, os elementos que modificam o significado das palavras, dando uma conotação mais específica (pluralidade, tempo) ou estabelecendo relações entre outros elementos. A ordem em que estas são aprendidas, pelo menos em inglês, é bastante consistente e depende, em parte, da complexidade "cumulativa" de morfemas (Dale, 1992). Um fato interessante desta aprendizagem das flexões é a hiperregularização, ou seja, o uso das mesmas inflexões dos verbos regulares nos irregulares, mostrando que a criança busca padrões de linguagem.

Quando a criança atinge os 3 ou 4 anos, ocorre um abandono progressivo das estruturas básicas da linguagem infantil e seu vocabulário específico, que são substituídos por construções cada vez mais coerentes com a linguagem adulta. Entre as suas características, encontramos o verdadeiro diálogo, adquirindo assim uma linguagem com função informativa, ou seja,com a finalidade de produzir aprendizagem sem que esta tenha uma relação com algum contexto imediato da criança.

Porém, nem sempre o desenvolvimento da linguagem ocorre de forma positiva. Muitas crianças apresentam atrasos na aquisição desde suas etapas inicias, mas que se tornam mais evidentes no início da escolarização. Para avaliar essas dificuldades, são imprescindíveis as contribuições de fonoaudiólogos, professores e psicopedagogos, para que haja visões com diferentes perspectivas e modelos teóricos. Essa configuração multidisciplinar resulta em uma rica descrição qualitativa, porque pode proporcionar muitas informações acerca do planejamento da educação e da intervenção a ser feita em alunos com problemas de linguagem.

A análise da linguagem vai além do conteúdo gramatical, pois marca o interesse pelo contexto e pelas influências culturais que afetam o uso da mesma. A noção de contexto abrange o cognitivo, a experiência acumulada e o âmbito cultural. A psicopedagogia se interessa, sobretudo, pelo processo educativo e instrutivo em que se realiza o ensino e a aprendizagem da língua.

Glossário – Unidade 1

Cognição – ato de conhecer, em suas ações de armazenar, recuperar, reconhecer compreender, organizar e usar a informação recebida através dos sentidos. Pode ser definido cultural e socialmente.

Empirismo – teoria que argumenta que o sujeito aprende as habilidades físicas, mentais e linguísticas somente por meio da experiência.

Etiologia – refere-se, no campo da Biologia, ao estudo das causas de uma doença.

Funções psíquicas superiores – funções realizadas com base no uso de ferramentas psíquicas e de signos, como a linguagem, as obras de arte, os diagramas, os desenhos etc.

Holofrase – uma palavra só que expressa uma ideia completa como se uma frase fosse.

Inatismo – teoria que argumenta que a capacidade de ver, ouvir, pensar e falar são atos inatos ou genéticos.

Inter-relacionismo – teoria que considera a linguagem como um produto de ambos os fatores: inatos e adquiridos.

Psicologia evolutiva – aquela que se ocupa do estudo dos processos de mudanças psicológicas que ocorrem ao longo da vida humana.

Relativismo – teoria que afirma que a especificidade linguística de determinado idioma define a percepção, o modo de pensar, de construir cultura e de compreender o mundo, por parte dos falantes dessa língua.

Zona de Desenvolvimento Proximal (ZDP) – distância entre o nível real de desenvolvimento, determinado pela capacidade de resolver independentemente um problema, e o nível de desenvolvimento potencial, determinado através de resolução de um problema sob orientação de um adulto ou a colaboração de outro parceiro mais capacitado.

UNIDADE 2

FASES E FACES DE UMA AVALIAÇÃO PSICOLINGUÍSTICA; LETRAMENTO E ALFABETIZAÇÃO: UMA REFLEXÃO SOBRE DISTÚRBIOS DE APRENDIZAGEM

1. Psicolinguística

Voltemos às questões discutidas na Unidade anterior, agora relativas à **psicolinguística**. Para esta disciplina, a linguagem seria uma adaptação biológica do ser humano para comunicar informações. Manifesta-se como um instinto que surge espontaneamente na criança e que se desenvolve conforme a maturação do seu organismo, bem como seu contato com o meio ambiente.

Além disso, a psicolinguística vê a linguagem como um impulso da natureza humana. A linguagem também é limitada pelo cérebro. Essa restrição é de ordem neurofisiológica, portanto, a mente impõe à linguagem restrições computacionais.

Para a **linguística**, a linguagem também é uma característica humana que herdamos por meio da natureza (Saussure, 2012). É totalmente distinta dos sistemas de comunicação animal, cujas condutas precisam ser provocadas por estímulos ambientais. A linguagem é, sobretudo, uma capacidade comunicativa comum a todos os seres humanos, de natureza universal, que se materializa em diversas línguas naturais.

As características que a definem são:

a) através dela, pode-se produzir um número ilimitado de mensagens;
b) na escrita, não é necessário que o receptor esteja presente. Ela também permite que um único emissor se dirija a milhares de receptores (como na televisão, por exemplo);
c) ela é articulada, ou seja, pode ser dividida em unidades mínimas de sentido;
d) ela é oral e permite que se estabeleça um verdadeiro diálogo.

A comunicação é o processo mediante o qual se podem transmitir informações de uma pessoa a outra, alterando o estado de conhecimento do indivíduo receptor. Em uma abordagem muito básica, de acordo com o modelo de Jakobson (1969), podemos destacar que os elementos funcionais a serem levados em consideração no ato comunicativo são:

a) emissor: aquele que emite a mensagem; pode ou não ser uma pessoa;
b) receptor: destinatário das informações;
c) canal: o meio físico pelo qual a mensagem é transmitida, como por exemplo um jornal, revista, internet, etc;
d) código: a forma com que as informações são trocadas entre a fonte (emissor) e o destino (receptor);
e) mensagem: o que se quer transmitir; e
f) contexto: situação ou ambiente extralinguístico em que se desenvolve o ato comunicativo.

Figura 1 – Elementos da comunicação

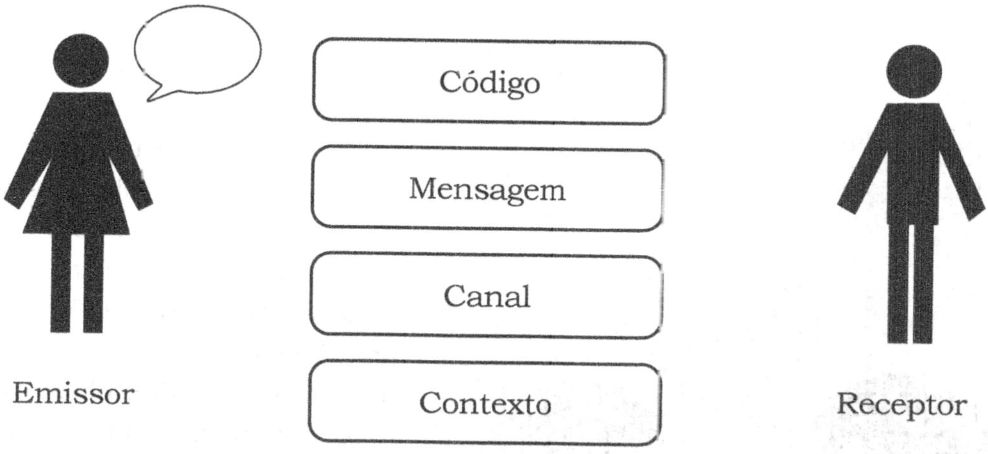

Fonte: Autor.

Assim, a linguística é a disciplina que descreve a estrutura da língua, incluindo sua gramática, seu sistema de sons e vocabulário. A psicolinguística é um ramo da linguística que trata de descobrir os processos psicológicos mediante os quais os seres humanos adquirem e usam a linguagem. Tradicionalmente, os psicolinguistas têm abordado três questões fundamentais:

- a compreensão – como as pessoas aprendem a linguagem falada e escrita;
- a produção da fala – como as pessoas produzem a linguagem; e
- a aquisição – como se aprende um idioma.

Além de descobrirem como se adquire a linguagem, os psicolinguistas também desejam saber como ela se perde. Isso mostra, portanto, o interesse deles pelos processos envolvidos no uso desse recurso.

Devido à natureza do seu objeto de estudo, a psicolinguística é uma ciência interdisciplinar, ou seja, é uma doutrina científica que se nutre dos avanços de outras ciências com as quais mantém relações de contato. Um estudo psicológico da faculdade linguística não pode ser feito sem levar em consideração os conhecimentos da biologia e da neurologia, por exemplo. A linguagem humana tem sido considerada um atributo biológico específico de nossa espécie, que repousa em uma configuração cerebral peculiar e uma evolução morfológica especial (sobretudo, os órgãos articulatórios). Sem a ajuda da neurologia e da medicina, não poderíamos estudar linguisticamente os transtornos da fala e a perda das capacidades linguísticas.

A psicolinguística também tem muitos interesses em comum com a psicologia teórica, da qual recebe muitos conceitos básicos que sustentam suas hipóteses de trabalho. Os psicólogos tendem a ser mais interessados pela conduta

humana e pela **cognição** do que pela linguagem em si. Para eles, a linguagem é um parâmetro para especular sobre o funcionamento da mente. Portanto, ainda que psicólogos e psicolinguistas tenham um interesse comum pela faculdade linguística, cada um a trata de um modo diferente. Os psicólogos têm a linguagem como uma forma de descobrir os mistérios da psique; já os psicolinguistas intentam decifrar todos os seus segredos, partindo dos princípios psicológicos básicos que regulam nosso comportamento.

A psicolinguística ainda se beneficia dos avanços da antropologia e da sociologia, posto que, conforme já vimos, uma das funções fundamentais da linguagem é a de permitir a comunicação entre as pessoas que falam o mesmo idioma. Logo, para entendermos alguns mecanismos mentais, é necessário conhecermos a cultura e as convenções sociais que pautam a conduta de cada comunidade linguística.

Podemos considerar outras duas ciências como quase irmãs da psicolinguística, a saber, a informática e a inteligência artificial, visto que a atividade verbal é basicamente um processo de manipulação simbólica e um sistema que exige conhecimentos, representações e algoritmos. São disciplinas que têm permitido estabelecer hipóteses muito interessantes acerca do modo como o cérebro processa, representa e cria a linguagem.

Assim, a psicolinguística é uma ciência interdisciplinar que se ocupa de estudar experimentalmente o funcionamento da linguagem, partindo de conhecimentos procedentes de muitas disciplinas. Esse caráter interdisciplinar faz com que esta ciência se inclua dentro do que genericamente se denomina ciência cognitiva, um vasto campo de investigação em que trabalham diversos pesquisadores (psicólogos, médicos, antropólogos, linguistas etc.) que tratam de explicar a natureza do ser humano, enquanto único animal racional.

2. História da Psicolinguística

O surgimento do termo psicolinguística, bem como a delimitação do seu âmbito, ocorreu em 1951, na Universidade de Cornell (EUA), com a formação do Comitê de Linguística e Psicologia, dirigido por Charles Osgood. Posteriormente, em 1953, na Universidade de Indiana (EUA) e em parceria com o Instituto Linguístico, surgiram as bases desta ciência da linguagem.

Em 1949, Edward Sapir, linguista americano, sugeriu que as representações mentais da linguagem, muito mais do que a sua representação física, deveriam ser o centro de estudo de uma ciência da linguagem. Por volta de 1950, todo esse enfoque comportamental foi terrivelmente desafiado por Noam Chomsky, professor do Instituto Tecnológico de Massachusetts, que propôs uma nova forma de pensar a linguagem humana. Não era possível aceitar que a língua pudesse ser explicada e entendida por processos tão simples como a relação mecânica de um estímulo e uma resposta.

A linguagem deve ser entendida como um sistema de regras e princípios que funcionam de forma cognitiva, descritível e geradora de frases. No entanto, os objetos de análise deveriam ser as características do sistema gramatical. Assim, a linguagem não é um comportamento, nem tampouco pode ser adquirida por princípios de condicionamento. As representações adquiridas são mentais. As crianças aprendem sozinhas a sua língua porque, biologicamente, esta faculdade se encontra na espécie humana. A criança ativa um sistema de infinita produção e percepção da linguagem que já traz consigo.

A faculdade da linguagem é uma propriedade da espécie com pouca variação entre os seres humanos e não há nada análogo em outros seres biológicos (Chomsky, 1998). Essa faculdade participa de cada aspecto da vida humana, do pensamento e da interação. A revolução de Chomsky resulta como incompatível com a visão e o enfoque comportamental da linguística. Desde então, parece unificar-se a linguística com a psicologia. Hoje, aceitamos como motor principal a ideia da linguagem como um sistema de representação da mente, exclusivo da espécie humana.

Os três principais períodos da Psicolinguística são:

a) O Período Formativo

A literatura relevante registra este período como de contribuições feitas pelos linguistas, considerando a linguagem como um sistema de unidades ou elementos - fonemas e morfemas - que estruturam uma língua. O **paradigma** que predominou foi o de uma teoria que poderia ser derivada de dados observáveis ou corpus. Foram dedicados grandes esforços teóricos para a elaboração de métodos e técnicas que garantissem a formação do hábito linguístico. Este era concebido como produto da influência do mundo físico e cultural. Em suma, buscaram-se os princípios específicos da gramática universal sobre a base de um conjunto de dados individuais.

Outro aspecto que surge neste período é a "teoria da informação", cujas fontes de ideias e modelos fazem emergir a engenharia da comunicação. As unidades de comunicação, tais como processos de codificação e decodificação, são determinados pela forma como as mensagens vão desde a sua fonte até o seu destino. Assim, aplicam-se mecanicamente modelos de processamento de informação que dão explicações possíveis mediante a prova de modelos, em um sentido mecânico de êxito ou fracasso.

b) Período Linguístico

Encontramos uma nova orientação das investigações linguísticas entre os anos 60 e 70, quando Chomsky demonstrou que o comportamentalismo não poderia dar conta do processo de aquisição da linguagem e nem da forma como são geradas as produções verbais. Postulava-se, na época, a necessidade de uma abordagem dedutiva, em que a linguística como ciência da linguagem se tornasse cognitiva, ou seja, que ela tratasse de explicar a relação mente-linguagem, especialmente como compreendemos, produzimos e armazenamos as representações do mundo através dela. Sobretudo, explicaria como podemos adquirir a capacidade para executar os processos da língua materna.

As críticas chomskianas ao comportamentalismo radical deixaram linguistas e psicólogos sem liderança. Mas, graças ao impacto revolucionário que tiveram os fundamentos do gerativismo na linguística e na filosofia da linguagem, a psicolinguística se viu também obrigada a reorientar seu trabalho. Este impacto foi enriquecido com o advento da psicologia cognitiva, que explicava a aprendizagem verbal como um processo mental ou cognitivo, dependente, sobretudo, do sujeito e não tanto da situação ou contexto sociocultural. Podemos dizer, portanto, que tudo isso fazia parte de uma troca paradigmática de formas metodológicas para estudar a linguagem do ser humano. Todos os esforços foram dirigidos no sentido de aprofundar a compreensão dos fatos da linguagem e da mente humana.

Este período também foi caracterizado por um interesse pelos "**universais linguísticos**", ou seja, aquelas características ou traços compartilhados por todos os idiomas e que ajudam a definir com mais precisão a natureza da linguagem. Acentuam-se, marcadamente, os interesses investigativos no domínio da aquisição da linguagem (área da qual surgem outros ramos importantes, como a psicolinguística evolutiva ou de desenvolvimento); florescem os estudos da linguagem infantil para descobrir o que as crianças devem dominar na aprendizagem linguística e como elas fazem isso em diferentes etapas de maturidade neurolinguística.

A característica deste estágio é a ênfase posta na dependência da linguagem na cognição humana, ou na forma como processamos a informação linguística, portadora de representações do mundo – que são conhecidas como "realidades psicológicas." Assim, a linguagem é tomada como um dos produtos fundamentais dos processos mentais.

c) Período da Ciência Cognitiva

Esta é uma etapa difícil de ser caracterizada, principalmente no início do milênio, pois a psicolinguística se encontra intimamente ligada à ciência cognitiva. Esta é definida como o estudo da inteligência humana em todas as suas formas, desde a percepção e o estudo das ações humanas até a linguagem e os processos de raciocínio. Assim, o exercício da inteligência é a cognição, a qual implica aspectos pontuais da vida cotidiana, como o reconhecimento da voz em uma conversa telefônica, a leitura de um livro, etc.

Sobre esta base, podemos afirmar que a psicolinguística se encontra em um estado de transição, com uma "fervente" cooperação interdisciplinar e com o que ocorre em campos adjacentes, como a neuropsicologia, a antropologia cognitiva e a psicopedagogia.

Outra característica desta fase são os "modelos" e "metáforas", cujas influências se originam no âmbito das engenharias ou sistemas para o desenvolvimento da inteligência artificial e a construção e provas de protótipos computacionais. Podemos dizer que a psicolinguística pretende ser uma ciência cognitiva, ou seja, que trata de modelar e compreender sistemas mentais que empregam sistemas intelectuais, como a geração de conhecimento, o papel da experiência, a produção de inferências e a tomada de decisões. Tudo isso em interfaces com a linguagem natural.

Nos anos 80 e 90, estávamos diante de um modelo computacional ou "metáfora", que vê a linguagem como um processo simbólico que conduz à decisões baseadas na geração de conhecimento e nos processos de inferência. Em outras palavras, a mente humana usaria a linguagem natural como os computadores usam a linguagem programática. Na verdade, a psicolinguística se encontra em um período de forte ligação com campos como a natureza do conhecimento, a estrutura das representações mentais e sua utilização nos processos de raciocínio e tomada de decisão. O conhecimento é adquirido a partir do discurso, de uma forma direta, por inferência.

O objetivo da psicolinguística neste período, portanto, seria tornar-se uma ciência da mente que permitiria compreender como exploramos o conhecimento adquirido, tanto nos processos de produção, como nos de percepção da língua, e, também, como construímos as representações de forma e significado das palavras, orações e discursos, tanto nas interações verbais, como também na aquisição da língua materna.

3. Fases e faces de uma avaliação psicolinguística

A avaliação psicolinguística (Golbert, 1992) leva em conta que a linguagem é fundamentalmente um ato comunicativo e, portanto, considera a análise de uma série de ações e habilidades de comunicação produzidas de forma interativa.

Destacamos alguns aspectos a serem considerados em uma avaliação da linguagem oral:

a) **entrevista familiar** – proporciona a informação pessoal do sujeito. Os aspectos temáticos da entrevista devem compreender a estrutura familiar, os aspectos perinatais, os dados evolutivos, o enfoque médico e os antecedentes familiares, os hábitos de autonomia pessoal, as perspectivas da linguagem e da comunicação, os interesses, motivações e atividades;

b) **etapa pré-verbal –** os aspectos a serem observados na etapa pré-verbal incluem os requisitos para a aprendizagem (atenção visual e auditiva, imitação e seguimento de ordens), construção da linguagem (comunicação sinestésica, função simbólica, gesto indicativo), compreensão (olhar e escutar quando se fala, reconhecer palavras, responder a ordens simples) e a expressão (vocalizações involuntárias e com intenção comunicativa, imitação de sílabas e palavras);

c) **fonética e da fonologia –** nesta avaliação, observa-se a forma como se produzem as palavras e a linguagem, ou seja, tem-se como objetivo conhecer a lei ou leis que regem a forma de falar do sujeito, os mecanismos que orien-

tam sua pronúncia. Deve-se investigar como ele articula, quando e por quê. Os aspectos a serem considerados, nesta etapa, são numerosos;

d) **morfologia** – para avaliar a morfologia, recorre-se ao registro e análise de amostras da linguagem espontânea (conversação, narração e descrição) e aos diferentes testes e provas que existem para este fim. Os aspectos a verificar são relativos à estrutura morfológica: verbo, preposições, pronomes, conjunções, artigos, substantivos, dentre outros;

e) **sintaxe** – para esta avaliação, podem ser usados testes que já estão padronizados em algum exame de linguagem e, também, a análise de produções verbais do próprio sujeito, incluindo conversação e explicação com suporte de imagens que geralmente desencadeiam a descrição e a narração. Por exemplo, a explicação de um conto ou a descrição das regras de um jogo. Devem ser observados, dentre outros, os aspectos relacionados com a complexidade da frase, o discurso e o tipo de sentenças;

f) **semântica** – esta avaliação sugere a observação dos aspectos relacionados ao léxico (vocabulário receptivo, expressivo e de conceitos básicos, palavras concretas e abstratas), definições, sinônimos, opostos, derivados, metáforas e à compreensão de mensagens longas e complexas;

g) **comunicação** – devem ser observados aspectos de intenção comunicativa, de iniciativa e de eficácia da comunicação (fatos simples e complexos), códigos utilizados, possibilidade de conversar, uso da narração e do discurso, repertório de habilidades comunicativas (comentários, perguntas, argumentos, etc.) e as diferentes funções da comunicação (instrumental, reguladora, interacional, pessoal, imaginativa e representativa).

4. Letramento e alfabetização

A escrita e a leitura são processos que devem ser ensinados. São conhecimentos transmitidos de gerações anteriores às mais jovens. Um bom desenvolvimento desses processos, por sua vez, leva ao aprendizado de outros conhecimentos que são mais complexos para a transmissão oral. Ter um domínio dessas técnicas não faz, necessariamente, os indivíduos serem mais felizes ou mais inteligentes, mas tais táticas produzem um conjunto de mudanças nos hábitos do comportamento mental. A escrita é relativamente recente na história da humanidade. Pelo menos, para o mundo ocidental, tem uma enorme importância: separa nosso passado em história e pré-história, divide a população em alfabetizados e analfabetos.

A capacidade de simbolização parece ser inata, como mostram as pinturas rupestres. A escrita começa de forma ideográfica, ou seja, com desenhos representando objetos e não sons, como os alfabetos atuais.

Os primeiros alfabetos com grafias que representam sons surgem por volta de 1700 a.C. e são de origem semita. Os antigos fenícios levaram essa grafia para o Mediterrâneo, sempre com fins comerciais. Os gregos antigos adicionaram vogais para que o alfabeto se tornasse independente do contexto de uso (comercial), democratizando-o e ampliando seu contexto de ação.

Consideremos, por um momento, que a maior parte da história da humanidade era ágrafa. Grandes civilizações foram construídas antes da escrita ser inventada. Em outras palavras, não tiveram de aguardar o desenvolvimento desse processo, não dependeram de escrita para evoluírem, embora saibamos que ela poderia favorecê-las.

Dadas as funções da escrita e as tecnologias disponíveis para exercê-la (suportes, elementos para gravação etc.), ela estava disponível somente para um pequeno conjunto da população. Muitas vezes, a casta sacerdotal e os governantes mantinham a apropriação da escrita e da leitura para si mesmos. Apenas uma elite sabia ler e escrever, ou uma elite controlava um grupo especialmente treinado de membros chamados escribas. Podemos dizer que a universalização do ensino de leitura e escrita, tal como a conhecemos hoje, é um problema da segunda metade do século XX.

Já sabemos que aprender a ler e escrever é uma tarefa social, e nela estão incluídos processos mentais e cognitivos, tais como resolução de problemas e a própria aprendizagem em si. Mas as ciências cognitivas e psicolinguísticas são disciplinas experimentais, não são disciplinas normativas, não apresentam receitas prontas.

Vamos começar por dizer que, se uma menina ou um menino que não tem nenhum distúrbio não aprende a ler e a escrever, a escola falhou. Não há, em princípio, absolutamente nenhum comprometimento cognitivo na criança para que possamos fazer essa afirmação. Não aprender a ler e a escrever não é, em si mesmo, um sintoma de distúrbio algum: na escola se detectam dificuldades; os distúrbios são diagnosticados por meios independentes do escolar.

O ensino da leitura e da escrita também necessita de abstração. Crianças, de forma espontânea, recebem mensagens linguísticas, enunciados, sempre em um determinado contexto. São pedidos, ordens, desafios, etc. São trocas comunicativas dentro de eventos. As crianças têm uma vaga noção do que é uma palavra (normalmente associada com o que conhecemos como um substantivo) e, talvez, não tenham noção nenhuma do que é uma sílaba ou um som linguístico isolado.

Um som linguístico é uma forma, mas a transformação dessa forma em uma representação gráfica não é espontânea. As formas de todos os alfabetos são arbitrárias, assim como são todas as grafias não icônicas. Desse modo, as duas formas (o som e a grafia) devem ser ensinadas, bem como suas combinações. Não nos esqueçamos de que nem sempre crianças em uma sala de aula, assim como professores, compartilham exatamente os mesmos sons. Isso também se aplica às formas de palavras, frases, etc.

Durante muito tempo, o aprender a ler e a escrever estava condicionado à técnica da "**alfabetização**", ou seja, uma mera sistematização do "B + A = BA", baseada nas relações fonema/grafema (Soares, 2003). Ou seja, o aprendizado da escrita e da leitura se dava através da correspondência entre grafemas e fonemas (a decodificação e a codificação).

No entanto, as habilidades de leitura não se restringem somente à alfabetização, em um código particular. Está claro que não basta apenas o sujeito saber desenhar letras ou decifrar o código da leitura, é preciso conseguir se engajar em práticas sociais letradas. É diante dessa percepção que surge o termo "**letramento**".

O indivíduo letrado é aquele que não apenas domina as letras e os meios de decodificá-las, mas que sabe utilizar esses conhecimentos para se expressar e se comunicar em diversas práticas sociais de leitura e de escrita (Soares, 2003). O desenvolvimento da língua somente fará sentido quando esta passar a ser útil na vida, nas relações sociais, enfim, no dia a dia do aprendiz.

Segundo Soares (2003), o ideal seria que alfabetizássemos letrando, isto é, ensinássemos o indivíduo a ler e a escrever no contexto das práticas sociais da leitura e da escrita. Vale destacar que tratar de alfabetização e letramento requer a compreensão de que, embora sejam processos diferentes, são complementares e inseparáveis, pois eles se iniciam no momento em que a criança começa a conviver com as diferentes manifestações da escrita na sociedade e se prolonga por toda vida, possibilitando a participação nas práticas sociais que envolvem seus usos e funções na sociedade (Brasil, 2008).

Depois de fazermos algumas observações em relação à escrita e à leitura será muito fácil para você compreender os distúrbios relacionados a esses processos.

5. Letramento e alfabetização: uma reflexão sobre distúrbios de aprendizagem

Aprender é uma possibilidade que todo ser humano tem ao longo de sua existência, incorporando experiências e conhecimentos de modo sucessivo que, por sua vez, afetam e produzem mudanças em seu contexto. A aprendizagem inclui não só aspectos intelectuais, mas também emocionais e relacionais, conscientes e inconscientes.

Cada pessoa possui uma maneira de aprender segundo suas regras, sua história, seus desentendimentos em relações com os outros. Há barreiras permanentes para a aprendizagem, decorrentes das causas mais variadas. Todos apresentam, em maior ou menor grau, desconhecimentos, lacunas, resistência e ansiedades ante o ato de aprender.

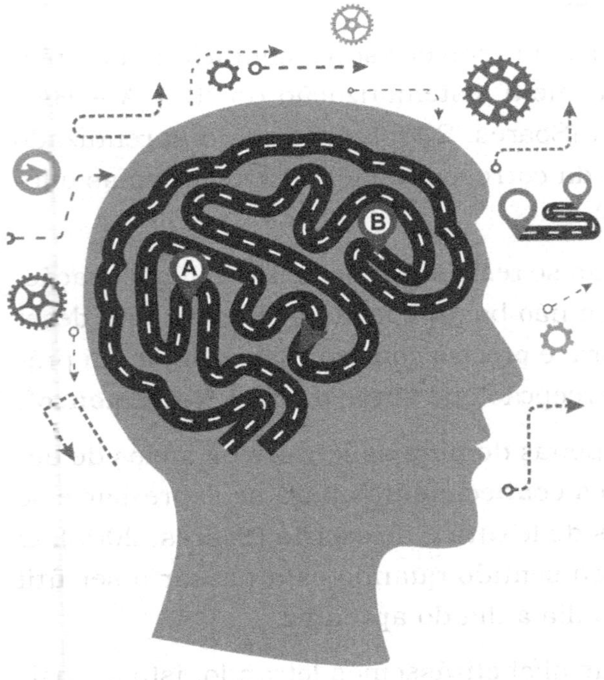

Denominam-se distúrbios de aprendizagem os problemas específicos e pontuais, resultantes de disfunções neurológicas quanto à forma como recebemos, processamos, armazenamos e respondemos a uma informação. Muitas crianças com **distúrbios de aprendizagem** têm uma disfunção no sistema nervoso central relacionada a uma falha no processo de aquisição ou de desenvolvimento (Ciasca, 2004). Conforme elas crescem, as atividades escolares vão se tornando mais avançadas e os problemas de aprendizagem podem dificultar os estudantes a alcançarem o êxito na escola.

Como podemos observar, a linguagem humana depende em grande parte da nossa biologia, logo, qualquer lesão em nosso cérebro poderá alterá-la. Às vezes, lesões cerebrais afetam áreas do cérebro que não estão diretamente relacionados à linguagem e causam alterações muito variadas (motoras, cognitivas, etc.). Porém, em certas ocasiões, essas patologias danificam indiretamente a linguagem, como veremos mais adiante.

Você deve saber que uma leitura bem sucedida, como outras atividades humanas, requer o uso dos dois hemisférios cerebrais. O hemisfério esquerdo reconhece sons e símbolos linguísticos, facilita a leitura e a escrita, a linguagem denotativa e a compreensão literal, o esquematizar e o sintetizar, estabelece as correspondências grafema/fonema; enquanto o hemisfério direito trata das associações visuais estruturais e do pensamento conotativo, percebe globalmente palavras, sem se deter em detalhes e é superior em percepções sinestésicas, auditivas e visuais.

O estudo das doenças da linguagem é o objetivo final da psicolinguística. Depois de estudar de onde vem a linguagem, como ela é adquirida, compreendida e produzida, essa disciplina também se encarrega de estudar o porquê uma pessoa tem problemas inesperados ao aprender a ler, escrever, escutar, falar, etc. O estudo dos distúrbios da linguagem é muito interessante, pois mostra a relação entre a neuroanatomia e o funcionamento da linguagem.

Os distúrbios de aprendizagem podem ser classificados em distúrbios de entrada e distúrbios de saída.

Distúrbios de entrada

Geram dificuldades na entrada de informações. Incluem problemas com a percepção visual ou auditiva. São distúrbios de entrada:

a) **distúrbios de integração** – fase em que a entrada (a informação) é percebida, interpretada, classificada, colocada em uma sequência, ou relacionada com a aprendizagem anterior. Crianças com problemas desse tipo podem não ser capazes de contar uma história na sequência correta; ser incapazes de memorizar sequências de informações (tais como os dias da semana); ser incapazes de entender um conceito novo. Um vocabulário pobre pode contribuir para problemas de compreensão.

b) **distúrbios de memória** – quando uma criança recebe informações, essas informações são registradas e compreendidas. Porém, é fundamental, também, que as mesmas sejam armazenadas para serem usadas em outras situações. Problemas de memória podem ocorrer com a **memória de curto prazo** ou memória de trabalho, ou com a **memória de longo prazo**. A maioria dos problemas de memória é produzida na área da memória de curto prazo, o que pode tornar difícil a apreensão de um novo material, que deverá ser repetido mais do que o habitual para ser compreendido;

c) **distúrbios de percepção visual** – quando a criança tem dificuldade em definir a posição e/ou forma do que lê; quando a entrada de informações é recebida com letras ao contrário; quando confunde letras parecidas como o "b"e o "d"; quando pula de linha na hora da leitura; quando possui dificuldades com noções de espaço e direção; e

d) **distúrbios da percepção auditiva** – quando a criança possui dificuldades em diferenciar sons, entendendo a mensagem de modo incorreto. Por exemplo, confundir bala com bola; quando possui dificuldade com relação à figura e fundo.

Distúrbios de saída

Acarretam dificuldades na saída de informações recebidas pelo cérebro. Tem a ver com a linguagem espontânea ou exigida, a atividade motora dos músculos grossos ou finos e a coordenação. São distúrbios de saída:

a) **distúrbios de atividades motoras –** podem causar problemas com as habilidades motoras brutas e finas. As pessoas com dificuldades motoras grossas podem ser desajeitadas, ou seja, elas podem ser propensas a tropeçar, cair ou bater em coisas. Elas também podem ter distúrbios para correr, subir, ou aprender a andar de bicicleta. As pessoas com dificuldades motoras finas podem ainda ter problemas para abotoar camisas, amarrar cadarço ou escrever;

b) **distúrbios de linguagem** – podem criar problemas com a linguagem falada, por exemplo, ao respondermos a uma pergunta sobre determinada demanda, precisamos recuperar as informações de armazenamento, organizar nossos pensamentos, e os transformar em palavras antes de falar. Pessoas com distúrbio de linguagem têm dificuldade em praticar tais ações. Esses distúrbios também podem causar problemas com a língua escrita.

Alguns exemplos de distúrbios de linguagem:

a) **dislexia** – síndrome que afeta a identificação e memorização de letras e grupos de letras. A criança coloca-as fora de ordem e ritmo, afetando tanto a leitura quanto a escrita. Existem fatores hereditários que favorecem o aparecimento da dislexia, mas ela pode ter diversas origens: causas genéticas, problemas no parto, lesões cerebrais, problemas emocionais, déficits espaço-temporais e problemas de adaptação na escola. A dislexia pode ser diagnosticada desde a época pré-escolar e deve ser tratada logo que é percebida, pois quanto mais tarde, mais complexa ela se torna.

b) **disgrafia** – também conhecida como "letra feia", é um transtorno específico de aprendizagem que afeta a forma ou o significado. A criança não consegue coordenar as informações visuais com a atividade motora de escrever, não sendo capaz, por exemplo, de copiar o conteúdo posto no quadro.

c) **disortografia** – dificuldade específica com a aprendizagem das formas ortográficas. Manifesta-se pela troca de grafemas, pela aglutinação ou separação indevida de palavras, pela dificuldade em perceber os sinais gráficos e de fazer uso da coordenação e da subordinação.

As crianças com distúrbio na aprendizagem da linguagem podem ter problemas para compreender o que as demais dizem (linguagem receptiva) ou ter dificuldades para expressar o que querem comunicar (linguagem expressiva). Isso afeta a capacidade de aprender na escola, uma vez que essas crianças têm problemas para compreender instruções ou para fazerem-se entender pelos demais, incluindo os próprios professores. Também tem consequências sociais, já que a linguagem é fundamental para a interação.

Além desses distúrbios, temos também algumas desordens da linguagem resultantes de lesões cerebrais, tais como as decorrentes de acidentes, de tumores cerebrais ou de problemas relacionados a vasos sanguíneos.

Ainda que o cérebro esteja muito bem protegido pelo crânio, às vezes, algumas lesões na cabeça são tão violentas que podem afetar a massa encefálica. Quando isso ocorre, corre-se o risco de que algumas das áreas do cérebro responsáveis pelo funcionamento da linguagem sejam afetadas, o que pode danificar alguns mecanismos cognitivos relacionados com os processos linguísticos. Denomina-se afasia qualquer alteração da linguagem provocada por uma lesão no cérebro.

Desde que, em 1861, o médico francês Paul Pierre Broca demonstrou a existência de uma patologia na fala produzida por uma lesão cerebral, são muitas as afasias que se têm descoberto. Comentaremos, a seguir, as mais importantes.

Afasia de Broca

A área de broca está localizada na parte inferior do lobo frontal esquerdo. Quando um golpe atinge essa área, produz-se uma afasia que impede o sujeito de produzir mensagens corretamente (Fromkin, V.; Rodman, 1993). A pessoa fica com problema na articulação dos sons e seu discurso se torna agramatical e muito repetitivo, a ponto de emitir poucas estruturas fixas (como saudações, etc.). A linguagem é espontânea, no entanto, é muito limitada. A afasia de Broca não altera a compreensão em nenhum grau: os afásicos entendem tudo o que é dito.

Anatomia do cérebro humano

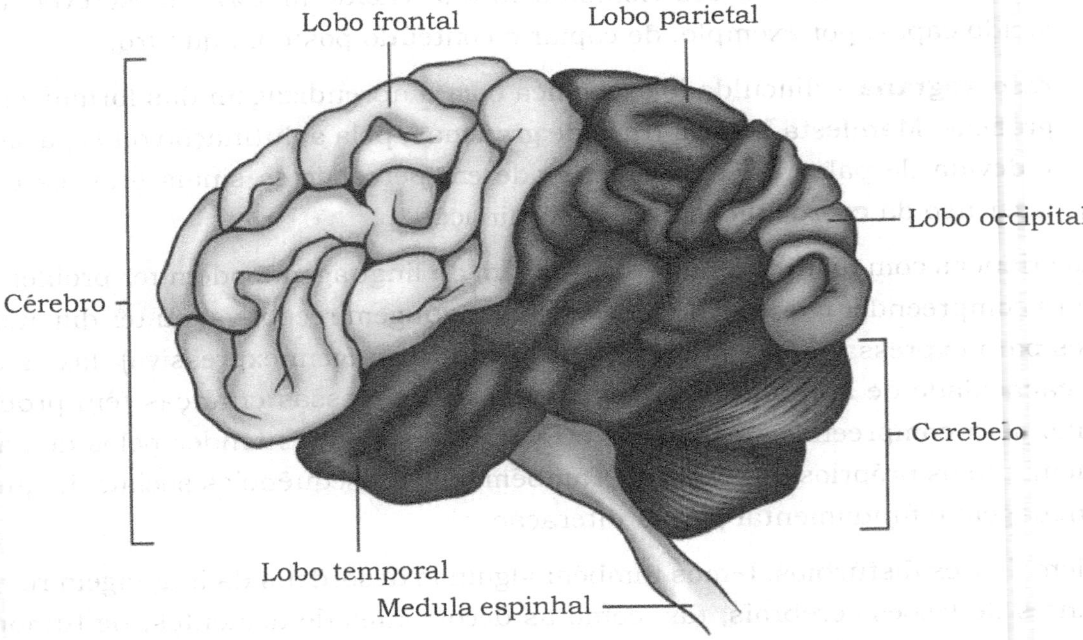

Exemplo:

Psicólogo: Diga-me o que você fazia antes de se aposentar.

Afásico: Ah, hum, hum, partinteiro, não.

Psicólogo: Carpinteiro.

Afásico: (Faz que sim com a cabeça). Carpinteiro, vi, vi, vite ano.

Psicólogo: Fale-me sobre esta figura (apresentando ao paciente uma figura em que há um menino pegando um biscoito de uma lata de biscoitos).

Afásico: Menino... bisc... biscoito... pega... biscoito

Afasia de Wernicke

A área de Wernicke foi descoberta em 1874, pelo neurologista alemão Carl Wernicke. Essa área se situa na parte inferior e posterior do cérebro, parte responsável pelos estímulos auditivos. O sujeito pode falar fluente e gramaticalmente correto, mas em vez de empregar palavras habituais, utiliza termos pouco usuais, cria neologismos, produz frases sem sentido. Ao contrário do que acontece com a afasia de broca, a afasia de Wernicke dificulta a compreensão da linguagem (Fromkin, V.; Rodman, 1993).

Exemplo:

Psicólogo: Você gosta de Petrópolis?

Afásico: Sou.

Psicólogo: Fale-me sobre seu problema.

Afásico: É, hum, eu não consigo montanhar todo o caminho. Não consigo falar todas as coisas que eu faço, uma parta da parte eu consigo direito, mas não posso falar elas das outras pessoas.

Afasia Anômica

É caracterizada pela dificuldade de encontrar no léxico a palavra que se está procurando (Fromkin, V.; Rodman, 1993). Ao contrário do que acontece com a afasia de Wernicke, nesta o sujeito não utiliza uma paráfrase para preencher a lacuna vocabular. Normalmente, nos enunciados destes afásicos são utilizadas repetitivamente palavras de sentido "vazio" como coisa, negócio, etc. A sua origem é desconhecida, embora pareça que tal problema está relacionado a lesões no giro angular, na região parietal (superior e posterior) do cérebro, parte controladora da associação entre os diferentes estímulos sensoriais.

Exemplo:

Psicólogo: Quem é o presidente do Brasil?

Afásico: Eu não consigo dizer o nome dele. Sei quem é, mas não consigo dizer. Desculpe, não sai.

Psicólogo: Você pode dizer o nome de uma moça?

Afásico: De uma moça? De que peso? Velha? Nova?

Além de distúrbios resultantes de lesões cerebrais, outras doenças – tais como, a esquizofrenia, ou deformações em órgãos articulatórios ou nos ouvidos –, podem afetar seriamente a linguagem humana. Hoje, graças aos avanços da Psicopedagogia, da Neurologia e da Psiquiatria, estes distúrbios podem ser tratados clinicamente, de modo que seus efeitos sejam minimizados.

Glossário – Unidade 2

Alfabetização – aprendizado da escrita e da leitura através da correspondência entre grafemas e fonemas (a decodificação e a codificação).

Cognição – mecanismo mental através do qual a informação chega ao cérebro de um sujeito, por meio dos sentidos, e se transforma em informação racional e abstrata.

Distúrbios de aprendizagem – problemas específicos e pontuais, resultantes de disfunções neurológicas quanto à forma como recebemos, processamos, armazenamos e respondemos a uma informação.

Letramento – aprendizado da escrita e da leitura não apenas através do domínio das letras e dos meios de decodificá-las, mas através do uso que o sujeito faz desses conhecimentos para se expressar e se comunicar em diversas práticas sociais de leitura e de escrita.

Linguística – disciplina que descreve a estrutura da língua, incluindo sua gramática, seu sistema de sons e vocabulário.

Memória de curto prazo – memória que não retém uma imagem da mensagem sensorial, mas mantém a interpretação dessa imagem. Retém as informações de uma forma consciente. Sua duração é muito limitada, de poucos minutos.

Memória de longo prazo – sistema de memória que pode armazenar informações de forma permanente e tem uma capacidade praticamente ilimitada. As informações se mantêm de modo inconsciente e só se tornam conscientes quando as recuperamos desse sistema.

Paradigma – modelo ou padrão a seguir.

Psicolinguística – ramo da linguística que trata de descobrir os processos psicológicos mediante os quais os seres humanos adquirem e usam a linguagem.

Universais linguísticos – características ou traços compartilhados por todas as línguas e que ajudam a definir com mais precisão a natureza da linguagem.

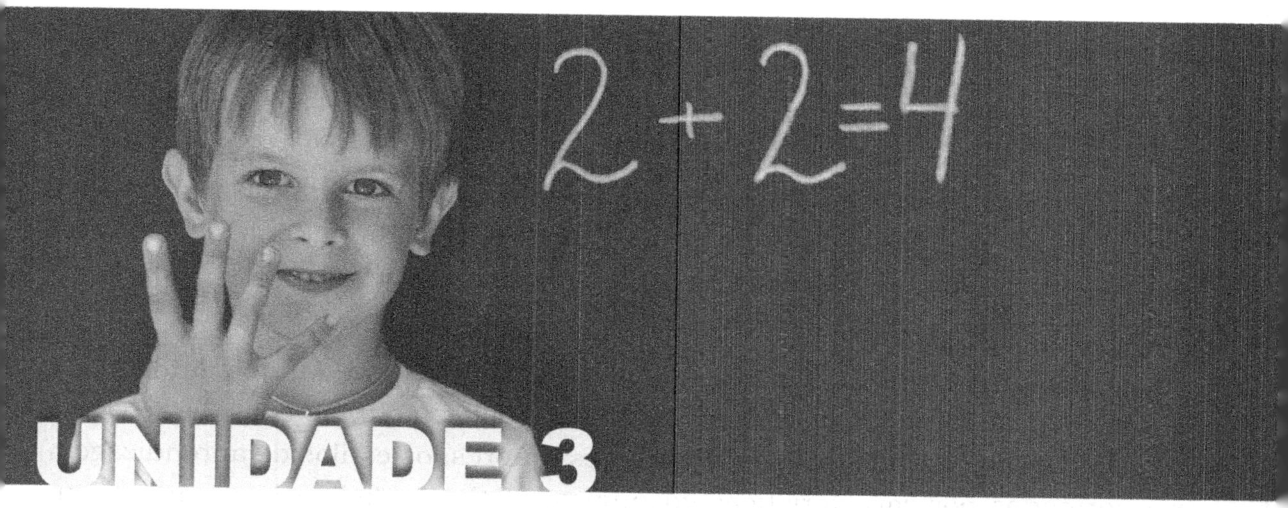

UNIDADE 3

ESTILOS DE APRENDIZAGEM, RACIOCÍNIO MATEMÁTICO E DESENVOLVIMENTO DO RACIOCÍNIO LÓGICO

1. Estilos de aprendizagem

Definir **estilos de aprendizagem** é tarefa essencial para delimitar as áreas que eles abarcam e, sobretudo, suas possíveis aplicações. Porém, é difícil estabelecer uma definição única que possa explicar adequadamente o que é comum a todos os estilos descritos na literatura.

Não existe uma única definição de estilos de aprendizagem. Muitos autores dão a sua própria definição do termo. Iremos nos deter, aqui, às considerações de Alonso, Gallego e Honey (1997). Para esses autores, os estilos de aprendizagem são formados por características cognitivas, afetivas e fisiológicas que servem como indicadores relativamente estáveis sobre como os estudantes percebem e respondem às interações propostas pelo ambiente de aprendizagem.

As características cognitivas estão relacionadas à maneira como os estudantes estruturam os conteúdos, formam e utilizam conceitos, interpretam a informação, resolvem problemas e selecionam meios de representação (visual, auditivo,

sinestésico), etc. Já os aspectos afetivos estão ligados às motivações e expectativas que influenciam a aprendizagem, enquanto as particularidades fisiológicas estão relacionadas com o **biótipo** e biorritmo do estudante.

ATENÇÃO! Os estilos de aprendizagem são relativamente estáveis, mas podem mudar conforme a situação. Eles podem ser melhorados e os estudantes, quando são ensinados de acordo com seu próprio estilo de aprendizagem, aprendem de forma mais eficaz.

O termo "estilo de aprendizagem" refere-se ao fato de que cada pessoa utiliza seu próprio método ou estratégia quando está aprendendo. Ainda que as táticas variem dependendo do que se queira aprender, cada estudante tende a desenvolver certas preferências ou tendências globais, propensões essas que definem um estilo de aprendizagem. Fala-se de uma tendência geral, uma vez que, por exemplo, alguém que quase sempre é auditivo pode, em alguns casos, utilizar técnicas visuais.

Cada pessoa aprende de maneira distinta das demais: utiliza diferentes estratégias, aprende em ritmos diferenciados e até com mais ou menos eficácia, embora seja submetida às mesmas motivações, nível de educação, idade e assunto. Entretanto, é importante não usar os estilos de aprendizagem como uma ferramenta para classificar os alunos em categorias fechadas, já que o modo de aprender evolui e muda constantemente.

Não devemos interpretar os estilos de aprendizagem como padrões fixos de comportamento que determinam a conduta dos indivíduos. Os estilos correspondem aos modelos teóricos que atuam como horizontes de interpretação, na medida em que permitem estabelecer uma abordagem maior ou menor de atuação de um sujeito a um modo de aprendizagem.

Nesse sentido, os estilos se caracterizam por um feixe de estratégias de aprendizagem que se correlacionam significativamente, isto é, cuja frequência de ocorrência permite marcar uma tendência. No entanto, isso não significa que em um mesmo sujeito não possam aparecer técnicas pertencentes a estilos diferentes de aprendizagem. Poderíamos dizer que a noção de estilo atua como uma ferramenta heurística que possibilita uma análise significativa do comportamento observado empiricamente.

2. Modelos de estilos de aprendizagem

Os variados modelos e teorias existentes sobre estilos de aprendizagem fornecem um quadro conceitual que permite entender o comportamento. Existem muitos modelos de "estilos de aprendizagem". Convém aprofundar aqui, os modelos de Kolb, de Honey e Mumford e de Honey-Alonso.

Modelo de Kolb

O modelo de estilos de aprendizagem desenvolvido por Kolb (1984) supõe que, para aprendermos algo, devemos trabalhar ou processar a informação que recebemos. Três autores o influenciaram significativamente: Dewey, Lewin e Piaget. Distintos teóricos consideram a teoria de Kolb como uma das principais na área de estilos de aprendizagem, tornando-se a base de vários projetos de investigação e de outras teorias e instrumentos.

Kolb (1984) salienta que a aprendizagem começa com uma experiência imediata e concreta que serve de base para observação e reflexão. Estas observações se integram a uma "teoria", formando conceitos abstratos e permitindo sua generalização após comprovar as implicações dos conceitos em novas situações. Tais implicações ou hipóteses servem para gerar novas experiências.

Portanto, na hora da aprendizagem, são colocadas em jogo quatro capacidades diferentes (KOLB, 1984):

a) **capacidade de experiência concreta (EC)** – ser capaz de se envolver completamente, de forma aberta e sem prejudicar as novas experiências;

b) **capacidade de observação reflexiva (OR)** – ser capaz de refletir sobre essas experiências e observá-las a partir de múltiplas perspectivas;

c) **capacidade de conceituação abstrata (CA)** – ser capaz de criar novos conceitos e de integrar suas observações em teorias logicamente sólidas; e

d) **capacidade de experimentação ativa (EA)** – ser capaz de usar as teorias para tomar decisões e resolver problemas.

A preferência do indivíduo, na hora de aprender, determina o estilo de aprendizagem dele. Segundo o modelo de Kolb (1984), uma aprendizagem ideal é o resultado do trabalho da informação em quatro tipos de pessoas:

a) **divergentes** – baseiam-se na experiência concreta e na observação reflexiva. Têm habilidade imaginativa *(gestalt)*, ou seja, observam o todo e não as partes. São emotivos e se relacionam com as pessoas. Este estilo é característico das pessoas envolvidas na área de humanas. São influenciados por seus companheiros;

b) **convergentes** – utilizam uma conceituação abstrata e uma experimentação ativa. São dedutivas e se interessam na aplicação prática das ideias. Geralmente, concentram-se em encontrar uma só resposta certa às suas perguntas ou problemas. São mais ligadas às coisas do que às pessoas e têm interesses muito limitados;

c) **assimiladores** – usam uma conceituação abstrata e uma observação reflexiva. Eles se baseiam em modelos teóricos e abstratos. Não se interessam pelo uso prático das teorias; e

d) **acomodadores** – baseiam-se na experiência concreta e na experimentação ativa. São adaptáveis, intuitivos e aprendem por tentativa e erro. Eles dependem de outros para obter informação e se sentirem confortáveis com o próximo. Muitas vezes, são vistos como impacientes e insistentes. Dedicam-se a trabalhos técnicos e práticos.

O modelo de Kolb é amplamente utilizado para o diagnóstico dos estilos de aprendizagem em adultos. Este autor criou um instrumento que ele chamou de "**Inventário de Estilos de Aprendizagem**". Trata-se de um questionário composto por doze conjuntos de palavras que devem ser alistados por ordem de preferência, numa escala de 1 a 4. Cada palavra representa um dos estilos de aprendizagem propostos por Kolb: convergente, divergente, assimilador e acomodador. Em 1985, Kolb modificou o questionário e fez uma nova versão que aumenta o conjunto de palavras para seis itens, permitindo resultados mais confiáveis. Em 1999, surgiu a terceira versão do questionário.

PARA SABER MAIS! Caso queira conhecer melhor o modelo de Kolb, um bom trabalho traduzido pelos professores Gustavo Araújo Batista e Márcia Rodriguez Luiz da Silva está disponível na internet para leitura: http://www.fucamp.edu.br/wp-content/uploads/2010/10/11%23U00c2%23U00aa-GUSTAVO-E-M%23U00c3%23U0081RCIA.pdf Acesso em 07 de jun. de 2015.

Modelo de Honey e Mumford

Honey e Mumford (*apud* ALONSO et al., 1997), em 1986, desenvolvem um modelo de estilos de aprendizagem baseado nas teorias propostas por Kolb (1984). Eles destacam as implicações que tais estilos de aprendizagem podem provocar em um grupo de executivos de uma empresa, no Reino Unido. A finalidade deles não é classificar, mas criar uma ferramenta que lhes permita diagnosticar os estilos de aprendizagem e potencializá-los, a fim de aumentar a eficácia da aprendizagem.

Honey e Mumford (*apud* ALONSO et al., 1997) preferem identificar como se pode melhorar a aprendizagem a explicar detalhadamente o que é estilo de aprendizagem. Estão mais interessados, sobretudo, em ensinar a aprender. O interesse deles se concentra nos comportamentos observáveis mais do que nas bases psicológicas dos mesmos.

Eles assumem o modelo teórico de Kolb (1984), o qual considera que a aprendizagem é baseada em uma série de experiências com acréscimos cognitivos, mais do que uma série de processos exclusivamente cognitivos. Além disso, aceitam o processo circular de aprendizagem em quatro etapas proposto por Kolb (1984), mas não seu instrumento de análise de aprendizagem, o "Inventário de Estilos de Aprendizagem".

ATENÇÃO! Honey e Mumford criaram um questionário, "Questionário de Estilos de Aprendizagem" (com 80 itens), que permite analisar uma maior quantidade de variáveis do que o teste proposto por Kolb. Eles assinalam que a utilização do questionário melhora o desempenho das pessoas ao criar grupos de trabalho mais eficazes, otimizando a formação.

Tomando como base as pesquisas realizadas por Kolb (1984), Honey e Mumford (*apud* ALONSO et al., 1997) realizaram uma adaptação de suas ideias e análises. Eles definem os estilos de aprendizagem como uma internalização, por parte de cada sujeito, de uma etapa determinada do ciclo, distinguindo quatro estilos de aprendizagem:

a) **ativos** – os alunos ativos participam plenamente, sem prejudicar as novas experiências. Aproveitam o momento e se deixam levar pelos acontecimentos. São geralmente entusiasmados com o novo e tendem a agir primeiro e a pensar nas consequências depois. Preenchem os seus dias de atividades. Sentem-se entediados com planos em longo prazo. Gostam de trabalhar rodeado de pessoas, mas sendo o centro das atividades;

b) **reflexivos** – os alunos reflexivos tendem a adotar a postura de um observador que analisa suas experiências de perspectivas distintas. Coletam dados e os analisam detalhadamente antes de chegar a uma conclusão. Para eles, a coisa mais importante é a coleta de dados e sua análise consciente. São cautelosos e analisam todas as implicações de qualquer ação antes de realizá-la. Em reuniões, observam e escutam antes de falar, tentando passar despercebidos;

c) **teóricos** – os alunos teóricos adaptam e integram as observações realizadas à teorias complexas e bem fundamentadas logicamente. Pensam sequencialmente e passo a passo, integrando fatos díspares a teorias coerentes. Gostam de analisar e sintetizar informações e seu sistema de valores é recompensado pela lógica e pela racionalidade. Sentem-se desconfortáveis com julgamentos subjetivos, técnicas de pensamento lateral e atividades sem uma lógica clara;

d) **pragmáticos** – alunos **pragmáticos** gostam de experimentar ideias, teorias e técnicas novas e de comprovar como elas funcionam na prática. Gostam de buscar ideias e implementá-las na prática imediatamente. Ficam entediados e impacientes com discussões longas. São, basicamente, pessoas práticas, mais próximas da realidade, que gostam de tomar decisões e resolver problemas. Estão sempre procurando uma maneira melhor para fazer as coisas.

Modelo de Honey-Alonso

O modelo Honey e Mumford foi modificado, em 1992, por Catalina Alonso. Esta recolheu as contribuições de Honey e Mumford e adotou o "Questionário de Estilos de Aprendizagem", no âmbito acadêmico, com o nome "Questionário Honey-Alonso de Estilos de Aprendizagem".

A pesquisa em que se apoia esse questionário, inscreve-se nas abordagens cognitivas da aprendizagem e aceita, de modo preliminar, uma divisão quadripartida de aprendizagem – as mesmas listadas por Kolb, Honey e Mumford – que propõem um esquema do processo de aprendizagem pela experiência, dividido em quatro etapas (ALONSO, 1997):

- viver a experiência: estilo ativo;
- reflexão: estilo reflexivo;
- generalização e elaboração de hipóteses: estilo teórico; e
- aplicação: estilo pragmático.

A autora mantém os quatro estilos predominantes de aprendizagem (ativo, reflexivo, teórico e pragmático), mas faz alguns acréscimos com características que determinam claramente o domínio de competências de cada um dos estilos de aprendizagem (ALONSO, 1997).

O estilo ativo tem um viés animador, improvisador, descobridor, espontâneo, criativo, inovador, aventureiro, renovador, inventor, vital, experimentador, gerador de ideias, protagonista, chocante, conversador, líder, voluntário, engraçado, participativo, competitivo e ansioso para aprender e solucionador de problemas. Diferente deste, temos o reflexivo, que é um estilo ponderado, consciente, receptivo, analítico, exaustivo, observador, coletor, paciente, cuidadoso, detalhista, elaborador de argumentos, previsor de alternativas, estudioso de comportamento, gravador de dados, pesquisador, assimilador, escritor de informes e/ou declarações, lento, distante e prudente. O estilo teórico é metódico, lógico, objetivo, crítico, estruturado, disciplinado, planejado, sistemático, ordenado, sintético, pensador, relacionador, perfeccionista, generalizador, buscador de hipóteses e modelos, perguntas e suposições, buscador de conceitos, finalidades claras, racionalidade, buscador de valores, critérios e inventor de procedimentos. Por fim, o estilo pragmático é aquele que possui perfil experimentador, prático, direto, realista, técnico, útil, rápido, decidido, planejador, positivo, concreto, objetivo, claro, confiante, organizador, solucionador de problemas, aplicador de aprendizagem e planejador de ações.

O "Questionário Honey-Alonso de Estilos de Aprendizagem", desde a sua criação, tem sido utilizado em distintas pesquisas, em diversas áreas do conhecimento e em variados países como Espanha, Argentina, Chile, México, Peru, Venezuela, Costa Rica, Brasil, entre outros.

PARA SABER MAIS! Veja uma versão traduzida do Questionário Honey-Alonso de Estilos de Aprendizagem. Aproveite e identifique seu estilo de aprendizagem. Visite o endereço: <http://www.estilosdeaprendizaje.es/chaea/chaeagrafp2.htm> Acesso em: 07 jun. 2015.

3. Estilos de aprendizagem e raciocínio matemático

A utilidade da matemática na vida contemporânea tem crescido consideravelmente e sua importância tem sido maior do que em qualquer outra época. Sua inserção no acervo científico é uma das características da vida intelectual do presente século. A matemática é hoje praticamente a linguagem comum dos cientistas. Muitas disciplinas que estudam a conduta humana, como a Sociologia e a Psicologia, a usam.

A educação matemática deve prover os estudantes de conceitos matemáticos básicos, estrutura e habilidade, assim como métodos e princípios de trabalho que estimulem o pensamento e integrem os conhecimentos adquiridos com espírito reflexivo, crítico e criativo.

Os Parâmetros Curriculares Nacionais (PCNs) do Ensino Fundamental (Matemática) consideram como objetivos do ensino de Matemática (BRASIL, 1997):

- identificar os conhecimentos matemáticos como meios para compreender e transformar o mundo à sua volta e perceber o caráter de jogo intelectual e característico da Matemática como aspecto que estimula o interesse, a curiosidade, o espírito de investigação e o desenvolvimento da capacidade para resolver problemas;

- fazer observações sistemáticas de aspectos quantitativos e qualitativos do ponto de vista do conhecimento e estabelecer o maior número possível de relações entre eles, utilizando para isso o conhecimento matemático (aritmético, geométrico, métrico, algébrico, estatístico, combinatório, probabilístico); e selecionar, organizar e produzir informações relevantes para interpretá-las e avaliá-las criticamente;
- resolver situações-problema, sabendo validar estratégias e resultados, desenvolvendo formas de raciocínio e processos, como dedução, indução, intuição, analogia, estimativa, e utilizando conceitos e procedimentos matemáticos, bem como os instrumentos tecnológicos disponíveis;
- comunicar-se matematicamente, ou seja, descrever, representar e apresentar resultados com precisão e argumentar sobre suas conjecturas, fazendo uso da linguagem oral e estabelecendo relações entre ela e diferentes representações matemáticas;
- estabelecer conexões entre temas matemáticos de diferentes campos e entre esses temas e conhecimentos de outras áreas curriculares;
- sentir-se seguro da própria capacidade de construir conhecimentos matemáticos, desenvolvendo a autoestima e a perseverança na busca de soluções;
- interagir com seus pares de forma cooperativa, trabalhando coletivamente na busca de soluções para problemas propostos, identificando aspectos consensuais ou não na discussão de um assunto, respeitando o modo de pensar dos colegas e aprendendo com eles.

Grandes esforços têm sido realizados para encontrar formas de ensino que permitam uma melhor aprendizagem da matemática. Os modos de aprender constituem motivos de investigação. Distintas teorias sobre a aprendizagem, com implicações educativas muito diferentes, constituem a base da didática e propiciam a compreensão dos mecanismos profundos do processo ensino-aprendizagem.

Investigações realizadas acerca do ensino e da aprendizagem da matemática destacam que esse processo é de natureza complexa. Existem numerosas variáveis que incidem no rendimento matemático de alunos, tais como: o ambiente escolar (espaço físico, organização para o trabalho, etc.), o professor (experiência, conhecimento, criatividade), o aluno (atitude, nível de ansiedade, conceito de si mesmo, etc.), as variáveis cognitivas (nível de desenvolvimento do pensamento, atenção, memória, etc.), as variáveis do currículo escolar (conteúdos, plano de estudo, etc.), as variáveis instrucionais (material, tempo,

tarefas, atenção individual, trabalho em grupo, etc.) e avaliação (critérios, tipos de instrumentos, etc.).

O processo de ensino-aprendizagem de matemática está intimamente relacionado com o tratamento dessas variáveis. Em relação à variável cognitiva do aluno, já vimos que há distintas formas de aprender e estilos de aprendizagem. Atualmente, e desde a perspectiva da investigação didática da matemática, não se considera esta disciplina somente do ponto de vista da aquisição de competências e de habilidades, mas também em termos de processos cognitivos.

A problemática tem evoluído desde o estudo das dificuldades dos alunos. Recentemente, psicólogos e educadores matemáticos têm procurado estudar o papel da **metacognição** em tarefas matemáticas (FERREIRA, 2003). Eles estão convencidos de que uma pessoa sabe e crê em suas habilidades para aprender ou fazer matemática e como controlar e regular sua própria conduta realizando tarefas dessa matéria, o que pode ter efeitos no próprio desempenho da disciplina.

O conhecimento que a pessoa possui acerca da sua própria capacidade de trabalho em matemática inclui conhecer seus pontos fortes e fracos, seu comportamento típico na resolução de tarefas desta matéria e o seu repertório de táticas e estratégias que permitam melhorar seu desempenho em matemática.

São agregados também os conhecimentos e crenças acerca de quais aspectos da matemática podem influenciar no desempenho do estudante. Exemplo de tais conhecimentos de metacognição incluem identificar que a prática de um **algoritmo** ajuda a conhecê-lo melhor, a saber como é um cálculo, e a saber que as estratégias de "palavras-chaves" não podem ser usadas para resolver todos os problemas com enunciado verbal.

Os aspectos de controle e regulação são influenciados pelo conhecimento da própria forma de aprender. Por exemplo, se um estudante sabe que se equivoca frequentemente em cálculos, propõe-se a trabalhar lentamente e a adotar uma conduta de checar e revisar o próprio trabalho.

Posto que a metacognição se relaciona com a tomada de consciência em uma situação, seu desenvolvimento requer observar o que se faz e refletir acerca do que se observa. Ou seja, os estudantes devem ser observadores, analisadores, assessores e avaliadores de seus próprios conhecimentos matemáticos e de seu comportamento no trabalho dessa disciplina.

A instrução matemática típica e as tarefas escolares dão muita atenção ao conteúdo e não o bastante à atuação dessa ciência. Se desejamos que nossos alunos sejam ativos e construtores de matemática, mais do que simplesmente meros conhecedores de procedimentos, devemos instruir de forma que só ajudemos a desenvolver a metacognição. O professor deveria realizar várias ações, tais como formular perguntas e dar tarefas que requerem dos estudantes cuidadosas reflexões, análises e comunicação de seus conhecimentos e atuação na disciplina.

Outro aspecto relacionado com a aprendizagem matemática sobre o qual é necessário refletir é a incidência do uso de materiais concretos. É necessário estimular ações que o aluno possa aplicar com diversos instrumentos. Isso representa o primeiro passo de um processo que acaba com a abstração mais rigorosa e eficaz e que permite passar dos objetos aos signos, da ação motora à ação do pensamento.

Sabemos que uma das funções mais importante do professor é preparar um ambiente favorável para que o estudante faça experimentos matemáticos. Na medida em que as experiências sejam variadas em relação ao ensino de um mesmo conceito, aumenta-se a probabilidade de o estudante atuar, realizar processos de observação, estabelecer relações, refletir e generalizar.

Devido à variedade de déficit em habilidades tais como recepcionar, processar, armazenar e distribuir informações, será necessário fazer muitas modificações no modo como o conteúdo é ensinado, o que implica uma didática que considera diversas estratégias metodológicas, variados materiais e, em especial, os estilos de aprendizagem.

Para uma boa aprendizagem matemática também será fundamental a atitude do professor, não só em relação à disciplina, mas às inovações necessárias. Seguem algumas recomendações quanto à atitude do educador frente ao ensino dessa matéria, levando em consideração os diferentes estilos de aprendizagem:

- trabalhar em aula com o objetivo de fazer matemática com seus alunos e trocar variadas experiências com eles; aplicar problemas criativos que favoreçam o desenvolvimento dos objetivos propostos;
- trocar com outros professores resultados e observações, conclusões e reflexões sobre experiências realizadas com alunos;
- buscar informações de investigações educacionais sobre a aprendizagem e o ensino de matemática;
- usar tudo o que sabe para fazer matemática com seus alunos, aproveitando ao máximo suas próprias habilidades e os seus conhecimentos seus e de seus alunos, sem desvincular-se da realidade destes últimos;
- integrar os esforços de educador com a família e a comunidade, tanto quanto seja possível;
- conversar com os pais sobre o que eles esperam da formação matemática dos seus filhos;
- relacionar o trabalho em aula com as competências do pensamento matemático requeridas no desempenho de uma tarefa ou profissão;
- refletir sobre o fazer educativo e praticar procedimentos de autoavaliação.

Todas essas reflexões acerca da educação matemática implicam em introduzir transformações no fazer do professor, mudar a sua atitude frente ao ensino e à aprendizagem matemática e modificar o foco da educação, mantendo um equilíbrio entre ensino e aprendizagem, considerando os diferentes estilos de se aprender.

Em síntese, a educação matemática deve propor um equilíbrio entre o saber e o saber-fazer. Saber matemática é ser capaz de "fazer matemática", ou seja, empregar a linguagem matemática com precisão, resolver problemas, criticar pensamentos e aplicar diferentes conhecimentos à disciplinas que não sejam a própria matemática.

4. Desenvolvimento do raciocínio lógico

O objetivo da lógica é desenvolver o raciocínio coerente de uma criança para que ela opere corretamente, expressando-se em diferentes formas de pensar, com o rigor e a precisão que a compreensão do conceito deve fornecer para a sua idade.

Um dos principais erros no ensino da matemática é que o conteúdo não está atrelado à lógica. A lógica não é oriunda da linguagem, mas é a interpretação dela; da ação que essa linguagem significa. O desenvolvimento do raciocínio lógico não é alcançado somente quando trabalhamos em atividades que possuem um conteúdo coerente específico, mas todas as vezes em que uma ação ou conjunto de ações provocam uma ideia. Não podemos dizer a uma criança por exemplo: "Você tem que ser lógico." Temos que criar situações que a encorajem a uma operação lógica.

Fazer, então, alguns exercícios com blocos ou algumas contas a fim de enfatizar que a criança tem realizado atividades para o desenvolvimento do raciocínio lógico nada adiantará se negligenciarmos a lógica das demais atuações, processos, estratégias, comportamentos e diálogos.

A multiplicidade de experiências que a criança realiza consciente de sua percepção sensorial consigo mesma, em relação com os demais e com os objetos do mundo circundante, transfere à sua mente alguns fatos sobre os quais ela produz uma série de ideias que servirão para se relacionar com o exterior. A interpretação do conhecimento lógico é obtida através de experiências. O **ato intelectual** é construído mediante uma dinâmica de relações, sobre a quantidade e a posição dos objetos no espaço e no tempo.

O pensamento lógico deve ser entendido a partir de três categorias básicas:

a) a capacidade para gerar ideias cuja expressão e interpretação sobre o que se queira concluir seja verdade para todos ou mentira para todos;
b) a utilização da representação ou conjunto de representações com as quais a linguagem matemática faz referência à essas ideias; e
c) a compreensão do ambiente que nos rodeia, com maior profundidade, mediante a aplicação de conceitos aprendidos.

5. Recursos utilizados para o desenvolvimento do raciocínio lógico

A abordagem didática enfatiza a utilização do conteúdo como um meio para obter conhecimento. O conteúdo é o que se ensina e o conhecimento o que se aprende. Portanto, aprender não consiste em repetir as informações escutadas ou lidas, mas em compreender as relações básicas mediante o contraste de ideias, ou seja, adquirir hábitos de pensar, desenvolver a capacidade criativa, descobrir relações, transferir ideias a outras novas situações, observar fatos, intuir conceitos, imaginar situações ou buscar novas maneiras de fazer algo que, aparentemente, só poderia ser feito de um modo.

A utilização de materiais e recursos está inserida no fazer didático. Esses materiais são aplicados no desenvolvimento do pensamento lógico-matemático. No entanto, isso não significa que eles abranjam elevados desafios educacionais para a intelectualização de conceitos e relações. É a didática utilizada que os conduzirá, ou não, ao cumprimento de tais objetivos.

O uso desses materiais é, certamente, mais do que necessário. Entretanto, para ser frutífero, deve implicar um forte conhecimento dos fenômenos intelectuais que podem ser alcançados e como eles podem ser atingidos. Os materiais não devem ser apenas usados, mas sim manipulados. O que se deve utilizar é o conjunto de ideias que, com o auxílio da manipulação dos materiais, é gerado na mente e canalizado, enquanto é descoberto pela criança, no processo matemático.

Uma coisa é "ensinar" uma situação matemática e a criança aprender, e outra, bem diferente, é permitir que ela manipule, observe, descubra e chegue a desenvolver seu próprio pensamento. Não devemos impor qualquer modo particular para a realização de diversas atividades. À medida que o trabalho ativo destina-se à criança, é ela quem deve executar a experiência, realizando descobertas por seus próprios meios. Isso pode ser feito dando-lhe a possibilidade de jogar com as respostas antes escolher uma delas; eliminando as limitações que venham a surgir quando se tem de discutir sobre suas escolhas livres. Assim, a matemática é apresentada como algo que a criança pode desfrutar enquanto faz uso dela.

O material mais adequado é aquele que, partindo sempre do jogo, permite à criança passar da manipulação concreta à generalização da ideia. Muitos materiais estruturados permitem a realização dessa experiência.

Material Sensorial Montessori

A formação do pensamento lógico-matemático se sustenta em dois pilares básicos: a educação sensorial e a **motricidade**. Este material visa promover a atividade sensorial. Projetado por Maria Montessori, baseia-se em estabelecer relações de equivalência, ordem e a comparação de objetos por suas características sensoriais. Consiste em um conjunto de 10 barras. Cada uma é pintada nas cores azul ou vermelha que vão se alternando: a menor possui 10 centímetros e é de cor vermelha; a próxima tem 20 centímetros e é pintada de azul e, assim, sucessivamente, até a maior barra, de um metro de altura. Com elas, podemos trabalhar relações de equivalência e de ordem.

As ideias que podem ser geradas através da manipulação do material ajudam a entender os seguintes conceitos:

- propriedades e relações entre os objetos;
- unidade: números cardinais e ordinais; série numérica;
- medidas: situações em que se faz necessário medir; comparar alturas e aprender unidades de medida.

Podem existir, nesse material, números, figuras de características diferentes, sendo algo que pode ser facilmente confeccionado pelo professor, utilizando variadas texturas.

PARA SABER MAIS! Alguns outros Materiais Montessori estão disponíveis na internet e podem ser acessados através do site: <http://http://www.montessoribrasil.com.br/abem_bms.htm>. Acesso em: 07 jun. 2015.

Blocos lógicos

São um conjunto de figuras formado por 48 peças que combinam quatro atributos: forma, cor, tamanho e espessura. Quanto à forma se apresentam como triângulos, círculos, quadrados e retângulos. A respeito das cores, estas podem ser amarela, vermelha e azul. Em função do tamanho grande e pequena e, em espessura, grossa e fina.

As ideias que podem ser geradas através da manipulação do material ajudam a entender os seguintes conceitos:

- propriedades e relações entre os objetos: cor, forma, tamanho, espessura; semelhança e diferença; pertencimento e não pertencimento;
- quantificadores básicos: todos, alguns, nenhum, mesmo/diferente, um/vários;
- formas planas: círculo, quadrado, retângulo, triângulo;
- formas e orientação dos corpos no espaço: acima e abaixo; dentro e fora; à frente, atrás; perto e longe, etc.

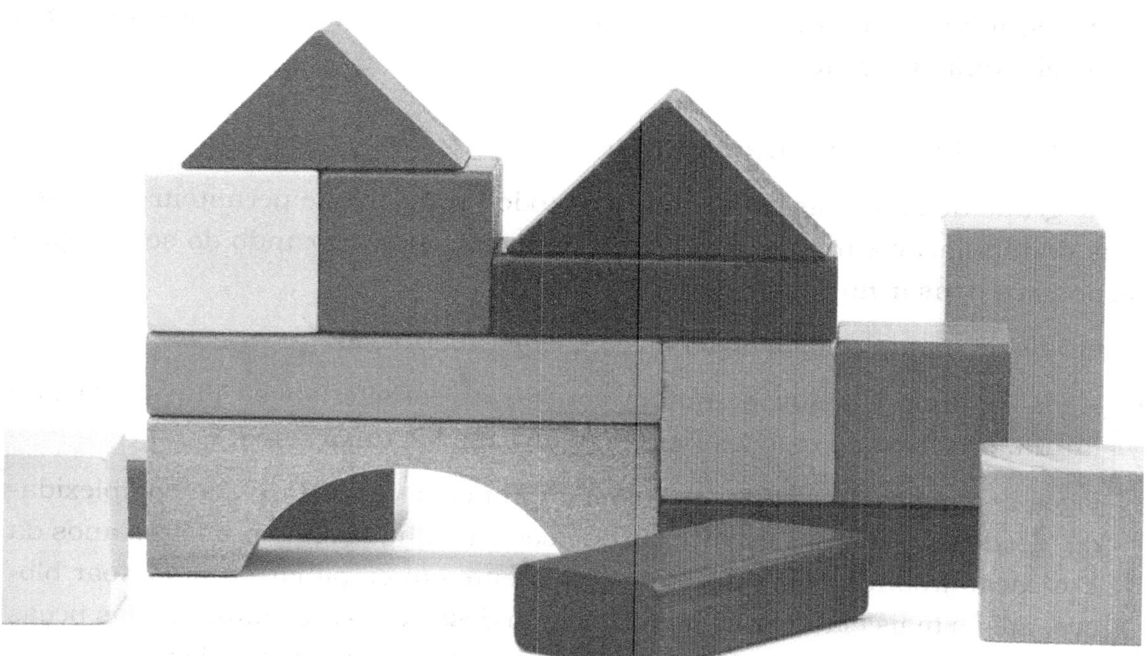

Inumeráveis situações educativas podem ser desenvolvidas por estes jogos como: distinguir características, trabalhando com elas e verbalizando-as, explicar diferentes atributos, emparelhamento, noções de mais e menos, vocabulários dos blocos, noção de quantidade, etc. Enfim, é um material ótimo para criar situações que vão facilitar o estabelecimento de diferentes relações pelas crianças.

Loto ou loteria

O objetivo deste jogo é, basicamente, fazer com que a criança desenvolva sua capacidade de concentração e de observação e, a partir daí, seja capaz de estabelecer relações que envolvam processos de associação, identificação e dedução.

Existem diferentes tipos de loterias. Elas podem ser classificadas de acordo com a maneira como elas são apresentadas, o processo mental que desenvolvem ou o tema que tratam.

Considerando o processo mental desenvolvido, poderíamos classificar os jogos de loteria (loto) da seguinte forma:

- idênticos – o objetivo é que a criança descubra duas figuras iguais, atentando para a forma, o tamanho, a cor, as relações e etc. Esses jogos desenvolvem habilidades de observação e de capacidade discriminativa; e
- integração parte-todo – tem por alvo fazer com que a criança complete uma imagem com o cartão no qual aparece a parte que falta. Este tipo de jogo, igual ao quebra-cabeça, promove os processos de análise e síntese.

Segundo o tema tratado, os jogos de loteria podem ser: de cor, de formas geométricas, flores, animais, objetos domésticos, ferramentas, estações, posições espaciais, tamanhos,etc.

Materiais de conhecimento físico

Neste grupo de materiais estão incluídos todos aqueles que permitem à criança uma manipulação e uma experimentação com objetos; partindo do seu próprio corpo para pensar no seu entorno.

Materiais de manipulação, observação e experimentação:

- jogos de areia e água: permitem contrastar características (flutua ou não flutua, observar as reações frente à água, medir, tingir, etc.); e
- jogos de construções: estes materiais abrangem várias fases de complexidade, desde as primeiras estruturas que são trabalhadas nos primeiros anos da Educação Infantil, que consistem geralmente em empilhar ou amontoar blocos, até as mais elaboradas no último ano dessa etapa. O tamanho das peças será inversamente proporcional à idade dos alunos que irão utilizá-las

Aqui, algumas noções que são adquiridas através desses materiais:

a) conceitos de peso, equilíbrio e medida;

b) manipulação de diferentes formas no espaço;

c) aprendizagem de novas palavras para discriminar e para as ações que são desenvolvidas;

d) desenvolvimento da motricidade;

e) utilização de conceitos, como: igual ou diferente, largo, curto, em cima, etc.;

f) classificação por forma e tamanho;

g) emparelhamento;

h) desenvolvimento de memória visual;

i) desenvolvimento da criatividade;

j) orgulho ante suas criações, o que incentiva a autoafirmação; e

k) o aprimoramento das relações sociais, que são claramente potencializadas ao realizar uma atividade entre duas ou mais crianças.

Os blocos para construir são feitos com proporções matemáticas, são corpos geométricos que se movem no espaço. Quando vemos que os alunos estão agrupando blocos, segundo algum critério (conforme foi descrito), eles estão aprendendo matemática, construindo seu conhecimento e desenvolvendo seu raciocínio lógico. Lembrando que cabe ao educador incorporar materiais da vida real a fim de enriquecer e aumentar as possibilidades.

Existem muitos outros materiais que auxiliam o processo de aprendizagem, desde o sistema decimal até a estrutura da linguagem. Pesquise mais sobre eles!

Glossário – Unidade 3

Algoritmo – conjunto ordenado e finito de operações que permite chegar à solução de um problema.

Ato intelectual – ato de discernimento e compreensão, construído mediante uma dinâmica de relações, sobre a quantidade e a posição dos objetos no espaço e no tempo.

Biótipo – conjunto de características morfológicas e fisiológicas de um organismo vivo que se considera representativo de sua espécie.

Estilos de aprendizagem – características cognitivas, afetivas e fisiológicas que servem como indicadores relativamente estáveis sobre como os estudantes percebem e respondem às interações propostas pelo ambiente de aprendizagem.

Inventário de estilos de aprendizagem – instrumento utilizado para o diagnóstico dos estilos de aprendizagem.

Metacognição – capacidade que o indivíduo possui para monitorar e autorregular seus processos cognitivos.

Motriz (motricidade) – integração de diferentes partes do corpo em movimento ordenado e com o menor gasto de energia possível. É a relação entre o sistema nervoso e muscular que permite, a partir de estímulos recebidos pelos sentidos, a realização do movimento.

Pragmático – relativo à prática ou à realização de ações. Pode ser usado como adjetivo para indicar que uma pessoa atua dando prioridade à utilidade e ao valor prático das coisas.

UNIDADE 4

A TEORIA DAS MÚLTIPLAS INTELIGÊNCIAS E AS DIFICULDADES NA APRENDIZAGEM

1. Conceito de inteligência

A inteligência é um conceito científico, isto é, algo que se torna evidente a partir da observação do comportamento das pessoas. Não há um critério absoluto sobre o que pode ser a inteligência, mas o que se sabe, por pura observação, é que as pessoas não resolvem de maneira igual situações ou problemas que consideramos intelectualmente exigentes, como encaixar as peças de um quebra-cabeça, completar um jogo de palavras cruzadas, etc.

Também podemos dizer que a inteligência é uma capacidade mental geral que, dentre outras coisas, envolve a capacidade de raciocinar, planejar, resolver problemas, pensar de modo abstrato, compreender ideias complexas, aprender rapidamente e assimilar com a experiência.

Para Da Silva (2003), as primeiras definições de inteligência foram feitas no século XIX por Francis Galton. Este afirmou que a inteligência é uma capacidade cognitiva geral que determina o sucesso ou o fracasso de um sujeito diante de qualquer tarefa. Seguindo essa definição, naturalmente qualquer tipo de tarefa destinada a melhorar as potencialidades cognitivas seria válida.

No início do século XX, o foco foi a criação de instrumentos que medissem as diferenças de inteligência. O primeiro autor que se destacou nesse sentido foi Mc. Keen James Cattell, que desenvolveu uma bateria de testes para avaliar a inteligência nas pessoas e foi o pioneiro no uso do conceito de teste mental.

O autor Alfred Binet argumentava que não era possível dar uma única definição de inteligência, mas que se deviam somar as várias habilidades mentais. Embora Binet não tenha negado a influência dos fatores genéticos, considerava também a influência social. Assim, pensava que os sujeitos menos inteligentes tinham um atraso em seu desenvolvimento (conhecido como retardo mental).

O maior avanço desses investigadores foi a criação do conceito de **idade mental**, ou seja, a idade cronológica que corresponde a um nível característico de desempenho. Da mesma forma, Stern formulou o conceito de "**Quociente Intelectual**", que é o resultado da divisão da idade mental pela idade real, sendo que esse número deve ser multiplicado por 100.

Seguindo os passos de Binet, Charles Spearman concordava que a inteligência não podia ser tomada como uma qualidade geral, mas deveria ser definida em função de dois fatores principais, dos quais dependem todos os outros. Dessa forma, defendeu a teoria dos dois fatores, em que há um **fator g**, ou inteligência geral (capacidade de estabelecer, criar e aplicar relações entre os conhecimentos adquiridos em um nível abstrato), e **fatores s**, que são habilidades e capacidades responsáveis pelas diferenças entre pontuações em tarefas diversificadas.

Posteriormente, Thurstone, em 1938, sustentou que a inteligência não poderia ser concebida como um conceito unitário, acrescentando que ela seria formada por sete fatores ou aptidões mentais primárias:

- compreensão verbal: capacidade de compreender a matéria verbal, na qual os testes mais usados são os de vocabulário e de compreensão da leitura;
- fluência verbal: consiste na produção de palavras, frases e textos. Por exemplo, recordar palavras que comecem com a letra A em um tempo determinado;
- habilidade numérica: realização de cálculos numéricos e a solução de problemas simples, com rapidez e precisão;
- memória: é medida pela repetição de palavras, númeors, etc. Mede-se, então, a memória de curto prazo;
- velocidade perceptiva: essa habilidade envolve o rápido reconhecimento de letras e números e a capacidade de destacar semelhanças e diferenças entre desenhos distintos;
- visualização espacial: consiste na visualização de formas, rotação de objetos e de tarefas nas quais se necessita encaixar as peças de um quebra-cabeça;
- raciocínio lógico: habilidade que implica a capacidade de raciocinar do particular ou concreto para alcançar o geral. É medida com teste de séries de letras, números e classificação de palavras.

Um teste é um instrumento usado para medir a inteligência. Ele é constituído por uma série de perguntas ou tarefas que são aplicadas em indivíduos para comprovar se possuem uma capacidade ou um conhecimento determinado.

Psicólogos têm criado diferentes testes para medir a inteligência e outras capacidades, de modo que existem vários testes com a finalidade de medir o QI (Quociente de inteligência).

PARA SABER MAIS! Quer realizar um Teste de Inteligência? Visite o endereço <http://www.testesdeqi.com.br/jogos/teste-de-inteligencia/> e experimente! Acesso em 24 jun. 2015.

Os testes não são absolutos, são indicadores de inteligência que devemos saber interpretar mediante a análise fatorial, que é um processo matemático utilizado para simplificar uma matriz de correlação entre variáveis em poucos fatores compartilhados por elas.

Não há um acordo em relação à medição da inteligência. Alguns psicólogos defendem a validade dos testes, porque eles são bons preditores do aprendizado acadêmico.

Um dos testes mais importantes foi elaborado por David Wechsler, conhecido como "Escala de Inteligência de Wechsler para Adultos" (WAIS-R). Há também uma versão para crianças.

O **WAIS** é um teste construído para avaliar a inteligência global de indivíduos entre 16 e 64 anos, de qualquer raça, nível intelectual, educação, origens socioeconômicas e culturais e nível de leitura de teste. É individual e consiste em duas partes: uma verbal, composta por definições e compreensão de conceitos, e outra não verbal, que baseia-se em montar objetos pequenos e classificar imagens em uma sequência lógica.

Howard Gardner (1995) define a inteligência como a capacidade de resolver problemas ou de elaborar produtos que sejam valorizados em uma ou mais culturas.

Até recentemente, a inteligência era considerada inata e imutável. Ao definir a inteligência como uma capacidade, Gardner a converteu em uma habilidade que pode ser desenvolvida. Ele não nega a importância da genética sobre a inteligência. Todos nascemos com um potencial marcado pela genética, mas esse potencial será desenvolvido de uma forma ou de outra, dependendo do meio ambiente, das experiências vividas, da educação recebida, etc.

2. A teoria das múltiplas inteligências

Observe a situação a seguir.

> João é inteligente. Sempre termina primeiro as tarefas. Ele as realiza com velocidade e exatidão e compreende perfeitamente o que faz. Para João não há problema algum em estudar. Nas provas, ele sempre tira boas notas. Seus professores estão muito contentes com seu rendimento.
>
> Seu colega de turma, José, realiza cada prova com muito esforço, mesmo tendo se dedicado várias horas por dia ao estudo. Sua dedicação não é vista em seus exames. Entretanto, José é muito esperto nos esportes. Qualquer esporte que pratique é fácil para ele. Sempre se destaca em suas habilidades físicas e é reconhecido e respeitado por seus companheiros.

A partir do enunciado, podemos dizer que José é menos inteligente do que João?

Um psicólogo que trabalha com um conceito clássico de inteligência (entendida como uma faculdade unitária) diria que sim.

Classicamente foi estabelecido que a inteligência era uma faculdade unitária. Porém, nas últimas décadas, teóricos que estudam a inteligência têm considerado que ela depende bastante do domínio específico do qual se trata e não existe uma inteligência geral, como propõem os autores clássicos.

Indo contra uma concepção de inteligência como uma habilidade única, Howard Gardner criou a **teoria das múltiplas inteligências**. Para ele, a inteligência é a capacidade de desenvolver-se e não apenas a capacidade de resolver problemas e/ou produzir produtos que são valorizados em uma ou mais culturas.

Quando se fala de inteligência, tende-se a pensar no êxito alcançado na escola, o que pode ser medido através de testes de QI (Quociente de Inteligência). Gardner comenta o problema que isso representa, já que se atribui grande importância à esses testes. Há pessoas que não obtêm boa pontuação e assumem que não servem para estudar, aceitando a estupidez.

Howard Gardner e seus colegas da prestigiada Universidade de Harvard advertiram que a inteligência acadêmica (obtenção de titulações e méritos educacionais) não é um fator decisivo para conhecer a inteligência de uma pessoa. Ou seja, a inteligência não se reduz apenas ao acadêmico, mas é uma combinação de todas as inteligências. Ser bom em esportes ou nas relações humanas implica capacidades que, infelizmente, não estão seriamente contempladas nos programas de formação acadêmica.

As múltiplas inteligências, de que fala Gardner, se dividem em 8 tipos e todas têm a mesma importância.

Inteligência linguística

Considerada uma das mais importantes, é a capacidade de dominar a linguagem e de se comunicar com os demais indivíduos. Desde pequenos, aprendemos a usar a língua materna para sermos capazes de nos comunicar de forma eficaz. Inclui a capacidade de usar a sintaxe, a fonética, a semântica e usos pragmáticos da linguagem (a retórica, a explicação, a metalinguagem).

A inteligência linguística não só se refere à capacidade de comunicação oral mas também a outras formas de comunicação, como a escrita, os gestos, etc. Quem melhor dominar essa capacidade de comunicação têm uma inteligência linguística superior. Está presente em crianças que gostam de escrever histórias, ler, fazer rimas, jogar trava-línguas e aprender outras línguas com facilidade.

Os aspectos biológicos definem uma área específica do cérebro chamada "área de Broca", que é a responsável pela produção de frases gramaticais. Uma pessoa com essa área lesionada pode compreender palavras e frases sem problemas, mas tem dificuldades para construir frases simples.

As capacidades envolvidas orientam a habilidade para compreender a ordem e o significado das palavras na leitura, na escrita e também na fala e na escuta. Já as habilidades relacionadas dizem respeito ao falar e escrever de forma eficaz.

Podemos identificar os perfis profissionais peculiares desse tipo de inteligência: os políticos ou líderes religiosos, poetas, jornalistas, escritores, vendedores, etc.

Inteligência interpessoal

Este tipo de inteligência nos permite compreender os demais indivíduos. Baseia-se na capacidade de lidar com as relações humanas, ter empatia para com as pessoas, interpretar as palavras ou gestos, ou os objetivos e as metas de cada discurso e de reconhecer as motivações, as razões e emoções que movem os sujeitos. A maioria das atividades que realizamos diariamente depende deste tipo de inteligência, já que a sociedade é composta por grupos de pessoas com as quais nos relacionamos.

É uma inteligência muito valiosa para pessoas que trabalham com grandes grupos. Detectar e compreender circunstâncias e problemas dos outros é mais fácil se o indivíduo tem sua inteligência interpessoal desenvolvida. As crianças que possuem essa inteligência expandida gostam de trabalhar em grupos, são convincentes em suas negociações com colegas e adultos e entendem o companheiro.

Os aspectos biológicos envolvidos são todos os indícios proporcionados por pesquisas sobre o cérebro e sugerem que os lobos frontais desempenham um papel importante no conhecimento interpessoal. Danos nesta área podem causar alterações profundas na personalidade.

As capacidades envolvidas são as de trabalhar com pessoas, ajudar a identificar e a superar seus problemas. As habilidades relacionadas são a capacidade de reconhecer e responder aos sentimentos e personalidades dos outros.

São mais comuns aos perfis profissionais de administradores, atores, professores, psicólogos e terapeutas.

Inteligência intrapessoal

Este tipo de inteligência nos permite formar uma imagem precisa de nós mesmos, compreender nossas necessidades e características, bem como nossos pontos fortes e fracos. Inclui a autodisciplina, autocompreensão e autoestima.

As pessoas que se destacam na inteligência intrapessoal são capazes de acessar seus sentimentos e emoções e refletir sobre eles. É evidenciada em crianças que gostam de ficar sozinhas, são reflexivas e que tem o raciocínio bem sucedido. Geralmente, são conselheiras de seus colegas.

Os aspectos biológicos ressaltam os lobos frontais, que desempenham um papel central nas mudanças de personalidade. Danos na área inferior dos lobos frontais podem causar irritação ou euforia. No entanto, danos na área superior tendem a produzir indiferença, apatia (personalidade depressiva). Entre os afásicos que se recuperaram o suficiente para descrever suas experiências, têm-se encontrado testemunhos consistentes: embora possa ter ocorrido uma redução da capacidade geral e uma considerável depressão devido a seu estado, o indivíduo sente-se uma pessoa diferente, reconhece suas próprias necessidades, vontades, desejos e tenta atendê-los da melhor forma possível.

São identificadas as capacidades em definir metas, avaliar habilidades e desvantagens pessoais e de controlar o próprio pensamento.

Meditar, mostrar autodisciplina, manter a compostura e dar o melhor de si mesmo são algumas das habilidades mais comuns.

Indivíduos maduros que têm um autoconhecimento rico e profundo são os tipos de perfis profissionais peculiares desse tipo de inteligência. É altamente desenvolvida em teólogos, filósofos e psicólogos, entre outros.

Inteligência lógico-matemática

Durante décadas, a inteligência lógico-matemática foi considerada o eixo principal do conceito de inteligência. Era usada como um ponto de referência para detectar a inteligência de uma pessoa. Nas culturas antigas, este tipo de inteligência era usado para formular calendários, medir o tempo e estimar com precisão quantidades e distâncias.

Como o próprio nome indica, essa classe de inteligência está ligada à capacidade de raciocínio lógico e de resolução de problemas matemáticos, à habilidade para usar os números de forma eficaz e para raciocinar corretamente. Inclui sensibilidade para esquemas e padrões lógicos, declarações e proposições, funções e outras abstrações relacionadas.

A velocidade para resolver problemas é o indicador que determina o quanto se tem de inteligência lógico-matemática. O famoso **teste de Quociente de Inteligência (QI)** é baseado nesta inteligência e, em menor medida, na inteligência linguística.

As crianças que tem essa inteligência desenvolvida analisam com facilidade dados e problemas. Aproximam-se de cálculos numéricos, estatísticas e orçamentos com entusiasmo. Utilizam-na para resolver problemas de lógica e matemática.

As pessoas com esse tipo de inteligência fazem uso do hemisfério lógico do cérebro.

A capacidade para identificar modelos, calcular, formular e testar hipóteses, utilizando o método científico e o pensamento indutivo e dedutivo são algumas das habilidades relacionadas.

Os perfis profissionais identificados para esse grupo são os economistas, engenheiros, cientistas, matemáticos, contadores, analista de sistemas, etc.

Inteligência musical

Também conhecida como "bom ouvido", é o talento que têm os grandes músicos, cantores e dançarinos. Trata-se da capacidade de perceber, discriminar, transformar e expressar formas musicais. Inclui sensibilidade ao ritmo, ao tom e ao timbre.

A música é uma arte universal. Todas as culturas têm alguma forma de música, mais ou menos elaborada, o que levou Gardner e seus colegas a entender que há uma inteligência musical latente em todas as pessoas.

Um fator importante neste tipo de inteligência é que por mais forte que seja, precisa ser estimulada para desenvolver todo o seu potencial, seja para tocar um instrumento, seja para ouvir uma melodia com sensibilidade. Crianças que tem esta inteligência aguçada se sentem atraídas pelos sons da natureza e por todo tipo de melodias.

Certas áreas do cérebro desempenham papéis importantes na percepção e produção musical. Estas, situadas geralmente no hemisfério direito, não estão claramente localizadas, como ocorre com a linguagem. No entanto, apesar da falta de suscetibilidade concreta a respeito da habilidade musical específica, no caso de danos cerebrais, não há evidência de "amusia" (perda da habilidade musical).

Cantar, tocar instrumentos e ouvir são algumas das capacidades envolvidas nesse tipo de inteligência.

Entre as habilidades, identifica-se a facilidade para a criação e a análise musical.

Os perfis profissionais mais comuns identificados são os músicos, compositores, críticos musicais, dançarinos, etc.

Inteligência espacial

A capacidade para poder observar o mundo e os objetos de diferentes perspectivas está relacionada a esse tipo de inteligência. É a habilidade de pensar em três dimensões. Ela permite perceber imagens externas e internas, recriá-las, transformá-las ou modificá-las.

Pessoas que se destacam neste tipo de inteligência, muitas vezes, têm habilidades que lhes permitem conceber imagens mentais, desenhar e identificar detalhes, além de um sentimento pessoal de estética.

A inteligência espacial está presente em crianças que estudam melhor com gráficos, esquemas, tabelas. São crianças que gostam de fazer mapas conceituais e mentais. Entendem muito bem planos e croquis (esboços).

O hemisfério direito (em pessoas destras) prova ser o local mais importante do cálculo espacial. Lesões na região posterior direita provocam dificuldades na habilidade de orientar-se em um lugar, de reconhecer rostos ou cenas ou de apreciar pequenos detalhes. Pacientes com dano específico em regiões do hemisfério direito tentam compensar seus déficits espaciais com estratégias linguísticas: raciocinam em voz alta, tentam resolver uma tarefa ou inventam respostas. Mas as estratégias linguísticas não parecem eficientes para resolver tais problemas.

As habilidades para apresentar ideias visualmente, criar imagens mentais, perceber detalhes visuais, desenhar são algumas das capacidades envolvidas.

Entre outras facilidades, está o dom para fazer criações visuais e visualizá-las com precisão.

Os profissionais com essa inteligência são os artistas, fotógrafos, arquitetos, designers, publicitários, pilotos, marinheiros, pintores, etc.

Inteligência corporal-sinestésica

As habilidades corporais e motoras necessárias para manusear ferramentas ou para expressar certas emoções representam um aspecto essencial no desenvolvimento de todas as culturas na história. Denomina-se inteligência corporal-sinestésica a capacidade para utilizar o corpo na expressão de ideias e sentimentos e a facilidade para usar as mãos para transformar elementos.

Inclui habilidades de coordenação, destreza, equilíbrio, flexibilidade, força e velocidade, bem como a capacidade sinestésica e a percepção de medidas e volumes. Ela é vista em crianças que se destacam em atividades esportivas, na dança, na expressão corporal e/ou em trabalhos de construção utilizando vários materiais concretos.

O controle do movimento corporal está localizado no córtex motor e cada hemisfério domina ou controla os movimentos corporais correspondentes ao lado oposto. Em destros, o domínio deste movimento, geralmente, se situa no hemisfério esquerdo.

Identifica-se a capacidade para realizar atividades que requerem força, velocidade, flexibilidade, coordenação e equilíbrio.

As habilidades relacionam-se à facilidade para a utilização das mãos para criar ou fazer reparações e expressar-se através do corpo.

Escultores, cirurgiões, atores, modelos, dançarinos, atletas, artesãos, etc. são os diversos profissionais com essa espécie de inteligência.

Inteligência naturalista

Esta inteligência foi adicionada em 1995. Antes, falava-se em sete tipos de inteligência de Gardner. Ele considerou necessário incluir esta categoria por tratar-se de uma das inteligências essenciais para a sobrevivência do ser humano ou qualquer outra espécie.

Este tipo de inteligência é usado para observar e estudar a natureza. É a capacidade de distinguir, classificar e utilizar os elementos do ambiente (tanto urbano quanto rural), objetos, animais ou plantas. Inclui as habilidades de observação, experimentação, reflexão e questionamento de nosso meio ambiente.

Possui um alto nível desta inteligência pessoas do campo, botânicos, biólogos, caçadores, ecologistas e paisagistas, entre outros. É evidenciada em crianças que amam animais, plantas, que reconhecem e gostam de investigar as características do mundo natural e do homem.

PARA SABER MAIS! Para aprofundar seus conhecimentos sobre as múltiplas inteligências, leia o artigo "Inteligências Múltiplas", de Luiz Carlos Panisset Travassos. Disponível em: http://eduep.uepb.edu.br/rbct/sumarios/pdf/inteligencias_multiplas.pdf. Acesso em: 24 jun. 2015.

A maioria dos indivíduos tem todas essas inteligências, embora cada um as desenvolva de um modo e em um nível particular, obedecendo às suas características de desenvolvimento biológico, à sua interação com o ambiente e à sua cultura em um determinado momento histórico.

Nós as combinamos e as usamos em diferentes graus, de forma pessoal e única. Por exemplo, um engenheiro precisa de uma inteligência espacial bem desenvolvida, mas também precisa da inteligência lógico-matemática para realizar cálculos de estruturas, da inteligência interpessoal para poder apresentar seus projetos, da inteligência corporal-sinestésica para conduzir o seu carro até a obra, etc.

Para alguém ser bem-sucedido nos negócios, ou nos esportes, precisa ser inteligente, mas são incapazes de, por exemplo, escolher bons amigos. Também ocorre o contrário: pessoas menos brilhantes na escola que têm êxito no mundo dos negócios ou em sua vida pessoal.

Ter sucesso nos negócios, ou nos esportes, requer ser inteligente, mas em cada campo utilizamos um tipo diferente de inteligência que não é nem melhor nem pior. Einstein não era mais esperto do que um jogador de futebol, mas suas inteligências pertencem a diferentes campos.

3. As múltiplas inteligências em sala de aula

Todas as inteligências são igualmente importantes. A partir dessa teoria das múltiplas inteligências, podemos pensar em maneiras de usá-las para trabalhar com diferentes situações que podem proporcionar uma aprendizagem significativa. Ela nos leva a refletir que a aprendizagem da criança ocorre de várias formas: através do teatro, da fala, da leitura, etc., e isso é o que faz a diferença. O importante é que a aprendizagem seja significativa.

Com a concepção da teoria das múltiplas inteligências, percebemos que a criança deve ser incentivada em todas as suas ações, em todos os momentos. Por exemplo, ela aprende a resolver problemas tanto em situações corriqueiras quanto novas.

A teoria de Gardner tem relevância para a aprendizagem desde o momento em que se propõe uma aprendizagem respeitando os limites de cada criança. Nesta teoria, o lema é valorizar a criança.

Mas, infelizmente, ainda vemos escolas que classificam os estudantes. Não tratam as inteligências de forma igual, enfatizando apenas a inteligência lógico-matemática e a inteligência linguística, a ponto de negar a existência das outras.

A escola, como instituição, adquiriu desde o princípio do século essa visão unidimensional das condutas inteligentes. O mesmo currículo para todos os

alunos, em que todas as pessoas aprendem da mesma maneira e que, se não aprenderem de acordo com o programado, são consideradas fracassadas.

Uma visão alternativa destaca que pessoas têm diferentes potenciais e estilos cognitivos, bem como diferentes estilos de aprendizagem. A psicologia tem mostrado de forma suficiente que, durante grande parte do século, não aprendemos da mesma maneira e que existem diferentes variáveis no processo de aprender. "As inteligências" são potenciais biológicos que se desenvolvem nas pessoas. Estas nascem com um perfil diferencial dessas inteligências e ao longo da vida elas se tornam predominantes.

É fundamental, portanto, reconhecer e incentivar as várias inteligências humanas e todas as combinações entre elas. Somos diferentes, em grande parte porque temos combinações de inteligência diversificadas. Se reconhecermos isso, teremos uma grande oportunidade de fazer frente aos problemas que enfrentamos no mundo atual.

A teoria das múltiplas inteligências, na prática, incentiva o aluno a aprender e os professores a criarem novas práticas, a fim que de o estudante tenha menos dificuldades em aprender. O professor que trabalha com o referencial teórico de Gardner está preocupado com a aprendizagem da criança, proporcionando uma aula que englobe as inteligências em seu conjunto. Para isso, tais professores devem utilizar novas técnicas com o intuito de modificar a sua prática.

A melhor teoria é aquela que trabalhamos de forma independente do meio ambiente; é aquela que leva em consideração a criatividade e a praticidade com que a turma é estimulada. Trabalhar dentro de uma necessidade **interdisciplinar** é reconhecer que existe um conjunto de estratégias que funciona melhor para cada criança.

Para incentivar a inteligência linguística, é mais estimulante (em vez de uma classe formal com giz, lousa e cadeiras em fileira) fazer um recital de poesia e depois uma roda de conversa.

Para despertar a inteligência lógico-matemática, podemos usar um jogo, como o xadrez ou dama, que estimula o pensamento. Para trabalhar a inteligência

corporal, é possível propor uma atividade prática fora da sala, por exemplo, saltando entre outras formas.

Um mesmo assunto pode ser apresentado de maneiras muito diferentes que permitam aos alunos assimilarem partindo de suas capacidades e aproveitando seus pontos fortes. Não se pode considerar uma educação centrada em apenas dois tipos de inteligência. É mais adequado preparar o aluno para viver em um mundo cada vez mais complexo.

4. As múltiplas inteligências e as dificuldades na aprendizagem

As dificuldades de aprendizagem são identificadas em escala crescente e a escola não tem estado preparada para lidar com essa diversidade. Na maioria das vezes, tais dificuldades ocorrem pela incapacidade das escolas de se adaptarem às diferenças individuais e culturais dos alunos. Quando a criança não se encaixa no modelo de aprendizagem, a gestão escolar tende a culpá-la, pois isso é mais fácil do que verificar suas dificuldades e ajudá-la.

Mas, o que é uma **dificuldade de aprendizagem**?

A dificuldade de aprendizagem não é um problema intrínseco apenas ao indivíduo. Está relacionada à problemas de ordem pedagógica e/ou socioculturais. As crianças com dificuldade de aprendizagem têm problemas em alguma área da aprendizagem escolar, que não são o resultado de uma visão ou audição deficiente, ou de uma paralisia cerebral. De fato, essa dificuldade pode ser passageira, como a tentativa mal-sucedida de aprender um determinado conteúdo por falta de habilidade inerente. Quadros de desmotivação e desinteresse também podem ser caracterizados como dificuldades de aprendizagem.

Muita importância tem sido dada à inclusão, especialmente em relação ao portador de deficiência. No entanto, a inclusão não diz respeito somente a esses indivíduos. Não podemos desperceber todos aqueles que, por algum motivo, têm alguma dificuldade de aprendizagem. Devemos, portanto, pôr de lado esse tipo de conceito e fazer a diferença na prática educativa.

A relação entre a teoria das múltiplas inteligências com a prática em sala de aula, que promova a aprendizagem e forneça melhorias às dificuldades de aprendizagem, centra-se em uma nova forma de ensino, que oferece um currículo diferenciado às escolas. Tanto professores quanto alunos consideram que se deve ter alto rendimento em diferentes disciplinas no ensino médio e na educação superior, ignorando que nem todos são bons em tudo.

A escola do futuro deveria ser sensível às diferentes inteligências, ao invés de ignorá-las e fingir que todos os indivíduos têm um mesmo tipo de inteligência.

Existem muitas vantagens em adotar a teoria das múltiplas inteligências como "modelo" para a educação e, talvez, a primeira é a ideia de que todas as pessoas são diferentes e nem todos aprendem da mesma maneira. Essa teoria faz com que o educador olhe para os alunos com sensibilidade e veja cada um como um sujeito único. Outro aspecto a considerar é que todas as crianças têm capacidades de desenvolvimento em várias áreas.

A teoria das múltiplas inteligências parece nos oferecer uma linguagem diversificada sobre o talento interno de crianças, especialmente estudantes que são rotulados como incapazes em suas carreiras escolares. Ela valoriza as diferentes habilidades dos estudantes, reconhece que cada um é diferente e pode desenvolver sua inteligência, não sendo rotulado como um aluno fracassado por não ser bom em matemática, se ele é bom em artes ou em português, por exemplo.

Nem todos têm os mesmos interesses e nem todos aprendem da mesma maneira. Nem todos são bons para resolver os mesmos problemas. Uma escola centrada no indivíduo deveria levar em consideração o desenvolvimento potencial dos talentos individuais, identificando e desenvolvendo essas capacidades. A escola deveria considerar os diferentes perfis e emparelhá-los aos modelos diferenciados de vida e opções de trabalho que estão disponíveis no meio cultural.

De acordo com essa teoria, o professor tem a oportunidade de utilizar, na prática, tudo que se tem discutido no campo da educação: a reformulação do ensino, a autonomia do educador em sala de aula para melhorar sua prática, fazendo diferença para o seu grupo de alunos, etc. O docente melhora sua aula, usa novas estratégias e faz com que os estudantes aprendam o que gostam e não porque a escola oferece.

O conteúdo é importante, mas os alunos devem aprender na escola a utilizá-los em sua prática. O professor tem de estabelecer essa ponte entra a informação e a experiência na sociedade.

Algumas instituições de ensino oferecem atividades extraclasses com este objetivo, mas não são suficientes. As pessoas precisam aprender do que elas gostam, primeiramente e, depois, outros conceitos que serão necessários para a vida em sociedade.

Os alunos apreciam as aulas de educação física. É o momento em que se sai da sala e se trabalha com o corpo para fazer algo diferente, algo distinto da lousa e do giz, que também são importantes, mas não é tudo. Uma das possibilidades, dentre muitas outras, com base na teoria das inteligências múltiplas, é usar as habilidades e incentivar de maneiras diferentes os tipos de inteligência, evitando problemas futuros. Trabalhar cada inteligência de modo independente ou organizado em um projeto multidisciplinar é bastante enriquecedor.

Assim, uma vez que a escola modificar a sua prática e perceber cada aluno como único, isso poderá fazer a diferença em crianças com dificuldades de aprendizagem. Esses estudantes devem ter oportunidades adequadas de aprender. Se o sistema educacional não fornece essa possibilidade, os professores devem pensar em estratégias para ajudar os alunos em suas dificuldades.

As dificuldades de aprendizagem têm muitas causas e razões, possuem características diversificadas que podem ser notadas na escola, de modo que elas possam ser diagnosticadas e tratadas com a atenção necessária. É possível que tais dificuldades sejam reduzidas se as práticas forem reformuladas, se o professor modificar sua aula através da teoria das múltiplas inteligências, facilitando a compreensão e evitando que mais estudantes tenham dificuldades.

O objetivo da escola é desenvolver as inteligências e auxiliar os alunos a alcançarem as metas de ocupação e de diversão adequadas à sua gama de inteligências particulares. O professor pode perceber que a prática dessa teoria em sala de aula deve ocorrer porque o docente está interessado em mudar suas ações.

Geralmente, educadores desmotivados e cansados da profissão não estão preparados para trabalhar com alunos que têm dificuldades de aprendizagem; mostram-se resistentes ao falar em várias atividades e metodologias. Estudantes sem estímulos, cansados de metodologias tradicionais e sem interesse nos conteúdos, podem se revelar em classes mais dinâmicas e variadas, em classes nas quais os professores são atenciosos e propõem atividades diferentes.

O que podemos notar é que o sistema educativo deve ser reformado para atender às dificuldades encontradas no campo educacional. Os alunos, cada vez mais, abandonam a escola sem serem capazes de relacionar a teoria com as aulas práticas fora da escola, sem saberem como agir em sociedade e sem preparação para o mercado de trabalho. As dificuldades de aprendizagem podem ser atenuadas com docentes comprometidos com a educação e que estejam abertos a rever suas práticas cotidianas.

Assim, vinculando a teoria das inteligências múltiplas ao currículo das escolas, podemos encontrar uma alternativa para que os alunos possam aprender através de diferentes estímulos e desenvolver seu potencial de um modo melhor. Cada um tem uma maneira diferente de aprender. É interessante, portanto, observar cada uma dessas habilidades e trabalhar para a ampliação delas.

Uma escola do futuro deveria assegurar que todos recebam uma educação mais personalizada que maximize o potencial individual. Deveria levar em consideração que, para uma mesma profissão, se requer indivíduos com diferentes potencialidades que os habilitem a desenvolver variados papéis. Nesse contexto, um ensino uniforme (baseado em um paradigma único de inteligência) não tem mais sentido.

Glossário – Unidade 4

Dificuldade de aprendizagem – problema que tende a provocar sérias dificuldades de adaptação à escola e, frequentemente, projeta-se ao longo da vida adulta. Ele não é um problema intrínseco apenas ao indivíduo. Está relacionado a problemas de ordem pedagógica e/ou socioculturais.

Fator g – inteligência geral (capacidade de estabelecer, criar e aplicar relações entre os conhecimentos adquiridos em um nível abstrato).

Fatores s – habilidades e capacidades responsáveis pelas diferenças entre pontuações em diferentes tarefas.

Idade mental – idade cronológica que corresponde a um nível característico de desempenho.

Interdisciplinar – prática que resulta na produção de novos conhecimentos, sem negar as disciplinas nem superá-las, mas assumindo os vários graus de colaboração e intersecção entre elas para alcançar uma maior relevância e alcance.

Quociente intelectual (QI) – resultado da divisão entre a idade mental e cronológica, multiplicado por 100.

Teoria das múltiplas inteligências – criada por Gardner. Esta teoria considera que todas as inteligências são igualmente importantes, que a inteligência não pode ser concebida como um conceito unitário.

Teste de Quociente de Inteligência (QI) – instrumento usado para medir a inteligência. Ele é constituído por uma série de perguntas ou tarefas que é aplicada a indivíduos para comprovar se possuem uma capacidade ou um conhecimento determinado.

WAIS – teste elaborado por David Wechsler. Avalia a inteligência global de indivíduos entre 16 e 64 anos, de qualquer raça, nível intelectual, educação, origens socioeconômicas e culturais e nível de leitura.

Referências

ALONSO, C. M; GALLEGO, D. J.; HONEY, P. (1997). *Los estilos de aprendizaje: Procedimientos de diagnóstico y mejora.* Bilbao: Mensajero, 1997.

BOAS, Franz. 1964. *Raza, lenguaje y cultura. In: Cuestiones Fundamentales de Antropología Cultural.* Buenos Aires: Solar/Hachette, 1964.

BRASIL. Parâmetros Curriculares Nacionais (Matemática). Ensino Fundamental. Brasília, DF: MEC/SEF, 1997.

BRUNER, J. *Acción, pensamiento y lenguaje.* Barcelona: Alianza, 1984.

CARVALHO, D. L. de: *Metodologia do Ensino da Matemática.* São Paulo: Cortez, 1990. DALTOÉ, Karen; Strelow, Sueli. Trabalhando com Material Dourado e Blocos Lógicos nas Séries Iniciais. Disponível em: <http://www.cp.utfpr.edu.br/armando/adm/arquivos/pos/material_dourado.pdf> Acesso em: 07 jun. 2015.

CHOMSKY, N. *Linguagem e Mente.* Brasília: Editora UnB, 1998.

CHOMSKY, N. *Linguagem e Pensamento.* Petrópolis: Vozes Limitadas, 1971.

CIASCA, S. M. *Distúrbios e dificuldades de aprendizagem: uma questão de nomenclatura.* In: Ciasca, S.M. *Distúrbios de aprendizagem: proposta de avaliação interdisciplinar.* São Paulo: Casa do Psicólogo, 2004.

DA SILVA, José Aparecido. *Inteligência Humana: Abordagens biológicas e cognitivas.* São Paulo: Lovise, 2003.

DALE, P. S. *Desarrollo del Lenguaje: Un Enfoque Psicolinguistico.* México: Trillas, 1992.

DARLEY, J. M.; Glucksbers, S. y Kinchla. *Psicologia.* México: Ed. Prentice Hall Hispanoamericana, 1990.

FERREIRA, Ana C. *Metacognição e desenvolvimento profissional de professores de matemática: uma experiência de trabalho colaborativo.* Tese de Doutorado. Campinas: Universidade Estadual de Campinas, 2003.

FROMKIN, V.; RODMAN, R. *A linguagem e o cérebro.* In: FROMKIN, V.; RODMAN, R. Introdução à linguagem. Coimbra: Almedina, 1993.

GARDNER, Howard. *Estruturas da mente: a Teoria das Múltiplas Inteligências.* Porto Alegre: Artes Médicas, 1994.

GARDNER, Howard. *Inteligências Múltiplas: a Teoria na Prática.* Porto Alegre: Artes Médicas, 1995.

GOLBERT, Clarissa. *Fases e faces de uma avaliação psicolinguística.* In, SCOZ, Beatriz Judith Lima et ali. *Psicopedagogia contextualização, formação e atuação profissional.* Porto Alegre: Artes Médicas, 1992.

JAKOBSON, R. *Linguística e Comunicação*. São Paulo: Cultrix, 1969.

KATO, Mary. *No mundo da escrita: uma perspectiva psicolinguística*. 7 ed. São Paulo: Ática, 2002

KOLB, David A. *Experiential learning: experience as the source of learning and development*. New Jersey: Prentice Hall, 1984.

LARA, I. C. M. de. *Jogando com a Matemática*. São Paulo: Rêspel, 2003. PÓLYA, G. *A arte de resolver problemas: um novo aspecto do método matemático*. 2. ed. Rio de Janeiro: Interciência, 1978.

PIAGET, Jean. *Seis estudos de psicologia* (1896-1950). Rio de Janeiro: Forense Universitária, 1999.

SAPIR, Edward. *A Linguagem: Introdução ao estudo da Fala*. 2. ed. Tradução: J.Mattoso Câmara Jr. São Paulo: Perspectiva, 1980.

SAUSSURE, Ferdinand de. *Curso de Linguística Geral*. São Paulo: Cultrix, 2012.

SOARES, Magda Becker. *Letramento: um tema em três gêneros*. Belo Horizonte: Autêntica, 2003.

VYGOTSKY, L. S. *A Formação Social da Mente*. São Paulo. Martins Fontes, 1989.

VYGOTSKY, Lev S. *Pensamento e Linguagem*. São Paulo, Martins Fontes, 1993.

WHORF, B. L. *Lenguaje, pensamiento y realidad*. Madrid: Barral, 1971.

Patrícia Jerônimo Sobrinho

Doutoranda em Letras e Ciências Humanas pela Unigranrio, é especialista em Língua Portuguesa (Universidade de São Bento) e em Mediação Pedagógica On-line (PUC-Rio). Trabalha com os temas: publicidade, televisão, boneca, infância, consumo, corpo, construção de identidade. Atualmente é professora adjunta da Unisuam-RJ.

Impresso por

META

www.metabrasil.com.br